Gotthold Ephraim LESSING ❦ Fabeln.

Gotthold Ephraim

LESSING

MIT EINER NACHBEMERKUNG
VON FRIEDHELM KEMP

Fabeln.

Drey Bücher

BIBLIOTHEK SG

Fabeln.

Erstes Buch	i	Die Erscheinung 7
	ii	Der Hamster und die Ameise 8
	iii	Der Löwe und der Hase 9
	iv	Der Esel und das Jagdpferd 10
	v	Zevs und das Pferd 11
	vi	Der Affe und der Fuchs 12
	vii	Die Nachtigall und der Pfau 13
	viii	Der Wolf und der Schäfer 14
	ix	Das Roß und der Stier 15
	x	Die Grille und die Nachtigall 16
	xi	Die Nachtigall und der Habicht 17
	xii	Der kriegerische Wolf 18
	xiii	Der Phönix 19
	xiv	Die Gans 20
	xv	Die Eiche und das Schwein 21
	xvi	Die Wespen 22
	xvii	Die Sperlinge 23
	xviii	Der Strauß 24
	xix	Der Sperling und der Strauß 25
	xx	Die Hunde 26
	xxi	Der Fuchs und der Storch 27
	xxii	Die Eule und der Schatzgräber 28
	xxiii	Die junge Schwalbe 29
	xxiv	Merops 30

Erstes Buch	xxv	Der Pelekan 31
	xxvi	Der Löwe und der Tieger 32
	xxvii	Der Stier und der Hirsch 33
	xxviii	Der Esel und der Wolf 34
	xxix	Der Springer im Schache 35
	xxx	Aesopus und der Esel 36

Die Erscheinung In der einsamsten Tiefe jenes Waldes, wo ich schon manches redende Thier belauscht, lag ich an einem sanften Wasserfalle und war bemüht, einem meiner Mährchen den leichten poetischen Schmuck zu geben, in welchem am liebsten zu erscheinen, la Fontaine die Fabel fast verwöhnt hat. Ich sann, ich wehlte, ich verwarf, die Stirne glühte — Umsonst, es kam nichts auf das Blatt. Voll Unwill sprang ich auf; aber sieh! – auf einmal stand sie selbst, die fabelnde Muse vor mir. ¶ Und sie sprach lächelnd: Schüler, wozu diese undankbare Mühe? Die Wahrheit braucht die Anmuth der Fabel; aber wozu braucht die Fabel die Anmuth der Harmonie? Du willst das Gewürze würzen. Gnug, wenn die Erfindung des Dichters ist; der Vortrag sey des ungekünstelten Geschichtschreibers, so wie der Sinn des Weltweisen. ¶ Ich wollte antworten, aber die Muse verschwand. Sie verschwand? höre ich einen Leser fragen. Wenn du uns doch nur wahrscheinlicher täuschen wolltest! Die seichten Schlüsse, auf die dein Unvermögen dich führte, der Muse in den Mund zu legen! Zwar ein gewöhnlicher Betrug. ¶ Vortreflich, mein Leser! Mir ist keine Muse erschienen. Ich erzehlte eine bloße Fabel, aus der du selbst die Lehre gezogen. Ich bin nicht der erste und werde nicht der letzte seyn, der seine Grillen zu Orakelsprüchen einer göttlichen Erscheinung macht.

8   Der Hamster und die Ameise. Ihr armseligen Ameisen, sagte ein Hamster. Verlohnt es sich der Mühe, daß ihr den ganzen Sommer arbeitet, um ein so weniges einzusammeln? Wenn ihr meinen Vorrath sehen solltet!
⁋ Höre, antwortete eine Ameise, wenn er grösser ist, als du ihn brauchst, so ist es schon recht, daß die Menschen dir nachgraben, deine Scheuren ausleeren, und dich deinen räubrischen Geitz mit dem Leben büssen lassen!

Der Löwe und der Hase. Ein Löwe würdigte einen drolligten Hasen seiner nähern Bekanntschaft. Aber ist es denn wahr, fragte ihn einst der Hase, daß euch Löwen ein elender krähender Hahn so leicht verjagen kann? ¶ Allerdings ist es wahr, antwortete der Löwe; und es ist eine allgemeine Anmerkung, daß wir große Thiere durchgängig eine gewisse kleine Schwachheit an uns haben. So wirst du, zum Exempel, von dem Elephanten gehört haben, daß ihm das Grunzen eines Schweins Schauder und Entsetzen erwecket. ¶ Wahrhaftig? unter=
brach ihn der Hase. Ja, nun begreif ich auch, warum wir Hasen uns so entsetzlich vor den Hunden fürchten.

10 **Der Esel und das Jagdpferd.** Ein Esel vermaß sich, mit einem Jagdpferde um die Wette zu laufen. Die Probe fiel erbärmlich aus, und der Esel ward ausgelacht. Ich merke nun wohl, sagte der Esel, woran es gelegen hat; ich trat mir vor einigen Monaten einen Dorn in den Fuß, und der schmerzt mich noch. ¶ Entschuldigen Sie mich, sagte der Kanzelredner Lieberhold, wenn meine heutige Predigt so gründlich und erbaulich nicht gewesen, als man sie von dem glücklichen Nachahmer eines Mosheims erwartet hätte; ich habe, wie Sie hören, einen heischern Hals, und den schon seit acht Tagen.

Zevs und das Pferd. Vater der Thiere und Menschen, so sprach das Pferd und nahte sich dem Throne des Zevs, man will, ich sey eines der schönsten Geschöpfe, womit du die Welt gezieret, und meine Eigenliebe heißt mich es glauben. Aber sollte gleichwohl nicht noch verschiedenes an mir zu bessern seyn? ¶ Und was meinst du denn, daß an dir zu bessern sey? Rede; ich nehme Lehre an: sprach der gute Gott, und lächelte. ¶ Vielleicht, sprach das Pferd weiter, würde ich flüchtiger seyn, wenn meine Beine höher und schmächtiger wären; ein langer Schwanenhals würde mich nicht verstellen; eine breitere Brust würde meine Stärke vermehren; und da du mich doch einmal bestimmt hast, deinen Liebling, den Menschen zu tragen, so könnte mir ja wohl der Sattel anerschaffen seyn, den mir der wohlthätige Reuter auflegt. ¶ Gut, versetzte Zevs; gedulde dich einen Augenblick! Zevs, mit ernstem Gesichte, sprach das Wort der Schöpfung. Da quoll Leben in den Staub, da verband sich organisirter Stoff; und plötzlich stand vor dem Throne — das häßliche Kameel. ¶ Das Pferd sah, schauderte und zitterte vor entsetzendem Abscheu. ¶ Hier sind höhere und schmächtigere Beine, sprach Zevs; hier ist ein langer Schwanenhals; hier ist eine breitere Brust; hier ist der anerschaffene Sattel! Willst du, Pferd, daß ich dich so umbilden soll? ¶ Das Pferd zitterte noch. ¶ Geh, fuhr Zevs fort; diesesmal sey belehrt, ohne bestraft zu werden. Dich deiner Vermessenheit aber dann und wann reuend zu erinnern, so daure du fort, neues Geschöpf — Zevs warf einen erhaltenden Blick auf das Kameel — und das Pferd erblicke dich nie, ohne zu schaudern.

12 **Der Affe und der Fuchs.** Nenne mir ein so geschicktes Thier, dem ich nicht nachahmen könnte! so prahlte der Affe gegen den Fuchs. Der Fuchs aber erwieberte: Und du, nenne mir ein so geringschätziges Thier, dem es einfallen könnte, dir nachzuahmen. ❡ Schriftsteller meiner Nation! — Muß ich mich noch deutlicher er=
klären?

Die Nachtigall und der Pfau. Eine gesellige Nachtigall fand, unter den Sängern des Waldes, Neider die Menge, aber keinen Freund. Vielleicht finde ich ihn unter einer andern Gattung, dachte sie, und floh vertraulich zu dem Pfaue herab. ¶ Schöner Pfau! Ich bewundere dich. — Ich dich auch, liebliche Nachtigall! — So laß uns Freunde seyn, sprach die Nachtigall weiter; wir werden uns nicht beneiden dürfen; du bist dem Auge so angenehm, als ich dem Ohre. ¶ Die Nachtigall und der Pfau wurden Freunde. ¶ Kneller und Pope waren bessere Freunde, als Pope und Abbison.

14 Der Wolf und der Schäfer. Ein Schäfer hatte durch eine grausame Seuche seine ganze Heerde verloren. Das erfuhr der Wolf, und kam seine Condolenz abzustatten. ¶ Schäfer, sprach er, ist es wahr, daß dich ein so grausames Unglück betroffen? Du bist um deine ganze Heerde gekommen? Die liebe, fromme, fette Heerde! Du tauerst mich, und ich möchte blutige Thränen weinen. ¶ Habe Dank, Meister Isegrim; versetzte der Schäfer. Ich sehe, du hast ein sehr mitleidiges Herz. ¶ Das hat er auch wirklich, fügte des Schäfers Hylax hinzu, so oft er unter dem Unglücke seines Nächsten selbst leidet.

Das Roß und der Stier. Auf einem feurigen Rosse floh stolz ein dreuster Knabe daher. Da rief ein wilder Stier dem Rosse zu: Schande! Von einem Knaben ließ ich mich nicht regieren! ¶ Aber ich; versetzte das Roß. Denn was für Ehre könnte es mir bringen, einen Knaben abzuwerfen?

16 **Die Grille und die Nachtigall.** Ich versichre dich, sagte die Grille zu der Nachtigall, daß es meinem Gesange gar nicht an Bewundrern fehlt. — Nenne mir sie doch, sprach die Nachtigall. — Die arbeitsamen Schnitter, versetzte die Grille, hören mich mit vielem Vergnügen, und daß dieses die nützlichsten Leute in der menschlichen Republik sind, das wirst du doch nicht leugnen wollen? ¶ Das will ich nicht leugnen, sagte die Nachtigall; aber deswegen darfst du auf ihren Beyfall nicht stolz seyn. Ehrlichen Leuten, die alle ihre Gedanken bey der Arbeit haben, müssen ja wohl die feinern Empfindungen fehlen. Bilde dir also ja nichts eher auf dein Lied ein, als bis ihm der sorglose Schäfer, der selbst auf seiner Flöte sehr lieblich spielt, mit stillem Entzücken lauschet.

Die Nachtigall und der Habicht. Ein Habicht schoß auf eine singende Nachtigall. Da du so lieblich singst, sprach er, wie vortreflich wirst du schmecken! ¶ War es höhnische Bosheit, oder war es Einfalt, was der Habicht sagte? Ich weis nicht. Aber gestern hört ich sagen: dieses Frauenzimmer, das so unvergleichlich dichtet, muß es nicht ein allerliebstes Frauenzimmer seyn! Und das war gewiß Einfalt!

18 **Der kriegerische Wolf.** Mein Vater, glorreichen Andenkens, sagte ein junger Wolf zu einem Fuchse, das war ein rechter Held! Wie fürchterlich hat er sich nicht in der ganzen Gegend gemacht! Er hat über mehr als zweyhundert Feinde, nach und nach, triumphirt, und ihre schwarze Seelen in das Reich des Verderbens gesandt. Was Wunder also, daß er endlich doch einem unterliegen mußte! ¶ So würde sich ein Leichenredner ausdrücken, sagte der Fuchs; der trockene Geschichtschreiber aber würde hinzusetzen: die zweyhundert Feinde, über die er, nach und nach, triumphiret, waren Schafe und Esel; und der eine Feind, dem er unterlag, war der erste Stier, den er sich anzufallen erkühnte.

Der Phönix. Nach vielen Jahrhunderten gefiel es dem Phönix, sich wieder einmal sehen zu lassen. Er erschien, und alle Thiere und Vögel versammelten sich um ihn. Sie gafften, sie staunten, sie bewunderten und brachen in entzückendes Lob aus. ¶ Bald aber verwandten die besten und geselligsten mitleidsvoll ihre Blicke, und seufzten: Der unglückliche Phönix! Ihm ward das harte Loos, weder Geliebte noch Freund zu haben; denn er ist der einzige seiner Art!

20 **Die Gans.** Die Federn einer Gans beschämten den neugebohrnen Schnee. Stolz auf dieses blendende Geschenk der Natur, glaubte sie eher zu einem Schwane, als zu dem was sie war, gebohren zu seyn. Sie sonderte sich von ihres gleichen ab, und schwamm einsam und majestätisch auf dem Teiche herum. Bald dehnte sie ihren Hals, dessen verrätherischer Kürze sie mit aller Macht abhelfen wollte. Bald suchte sie ihm die prächtige Biegung zu geben, in welcher der Schwan das würdigste Ansehen eines Vogels des Apollo hat. Doch vergebens; er war zu steif, und mit aller ihrer Bemühung brachte sie es nicht weiter, als daß sie eine lächerliche Gans ward, ohne ein Schwan zu werden.

Die Eiche und das Schwein. Ein gefrässiges Schwein mästete sich, unter einer hohen Eiche, mit der herabgefallenen Frucht. Indem es die eine Eichel zerbiß, verschluckte es bereits eine andere mit dem Auge.

⁋ Undankbares Vieh! rief endlich der Eichbaum herab. Du nähreſt dich von meinen Früchten, ohne einen einzigen dankbaren Blick auf mich in die Höhe zu richten.

⁋ Das Schwein hielt einen Augenblick inne, und grunzte zur Antwort: Meine dankbaren Blicke ſollten nicht auſſenbleiben, wenn ich nur wüßte, daß du deine Eicheln meinetwegen hätteſt fallen laſſen.

22 **Die Wespen.** Fäulniß und Verwesung zerstörten das stolze Gebäu eines kriegerischen Rosses, das unter seinem kühnen Reiter erschossen worden. Die Ruinen des einen braucht die allzeit wirksame Natur, zu dem Leben des andern. Und so floh auch ein Schwarm junger Wespen aus dem beschmeißten Aase hervor. O, riefen die Wespen, was für eines göttlichen Ursprungs sind wir! Das prächtigste Roß, der Liebling Neptuns, ist unser Erzeuger! ¶ Diese seltsame Prahlerey hörte der aufmerksame Fabeldichter, und dachte an die heutigen Italiäner, die sich nichts geringers als Abkömmlinge der alten unsterblichen Römer zu seyn einbilden, weil sie auf ihren Gräbern gebohren worden.

Die Sperlinge. Eine alte Kirche, welche den Sperlingen unzählige Nester gab, ward ausgebessert. Als sie nun in ihrem neuen Glanze da stand, kamen die Sperlinge wieder, ihre alten Wohnungen zu suchen. Allein sie fanden sie alle vermauert. Zu was, schrieen sie, taugt denn nun das grosse Gebäude? Kommt, verlaßt den unbrauchbaren Steinhaufen!

24 Der Strauß. Itzt will ich fliegen; rief der gigantische Strauß, und das ganze Volk der Vögel stand in ernster Erwartung um ihn versammelt. Itzt will ich fliegen, rief er nochmals; breitete die gewaltigen Fittige weit aus, und schoß, gleich einem Schiffe mit aufgespannten Segeln, auf dem Boden dahin, ohne ihn mit einem Tritte zu verlieren. ⁋ Sehet da ein poetisches Bild jener unpoetischen Köpfe, die in den ersten Zeilen ihrer ungeheuren Oden, mit stolzen Schwingen prahlen, sich über Wolken und Sterne zu erheben drohen, und dem Staube doch immer getreu bleiben!

Der Sperling und der Strauß. Sey auf deine Gröſſe, auf deine Stärke so stolz als du willst: sprach der Sperling zu dem Strauſſe. Ich bin doch mehr ein Vogel als du. Denn du kannst nicht fliegen; ich aber fliege, obgleich nicht hoch, obgleich nur Ruckweise. ¶ Der leichte Dichter eines fröhlichen Trinkliedes, eines kleinen verliebten Gesanges, ist mehr ein Genie, als der schwunglose Schreiber einer langen Hermanniade.

26 **Die Hunde.** Wie ausgeartet ist hier zu Lande unser Geschlecht! sagte ein gereister Budel. In dem fernen Welttheile, welches die Menschen Indien nennen, da, da giebt es noch rechte Hunde; Hunde, meine Brüder – ihr werdet es mir nicht glauben, und doch habe ich es mit meinen Augen gesehen — die auch einen Löwen nicht fürchten, und kühn mit ihm anbinden. ¶ Aber, fragte den Budel ein gesetzter Jagdhund, überwinden sie ihn denn auch, den Löwen? ¶ Ueberwinden? war die Antwort. Das kann ich nun eben nicht sagen. Gleichwohl, bedenke nur, einen Löwen anzufallen! ¶ O, fuhr der Jagdhund fort, wenn sie ihn nicht überwinden, so sind deine gepriesene Hunde in Indien — besser als wir, so viel wie nichts — aber ein gut Theil dümmer.

Der Fuchs und der Storch. Erzehle mir doch etwas von den fremden Ländern, die du alle gesehen hast, sagte der Fuchs zu dem weitgereisten Storche. ¶ Hierauf fing der Storch an, ihm jede Lache, und jede feuchte Wiese zu nennen, wo er die schmackhaftesten Würmer, und die fettesten Frösche geschmauset. ¶ Sie sind lange in Paris gewesen, mein Herr. Wo speiset man da am besten? Was für Weine haben Sie da am meisten nach ihrem Geschmacke gefunden?

Die Eule und der Schatzgräber. Jener Schatzgräber war ein sehr unbilliger Mann. Er wagte sich in die Ruinen eines alten Raubschlosses, und ward da gewahr, daß die Eule eine magere Maus ergrif und verzehrte. Schickt sich das, sprach er, für den philosophischen Liebling Minervens? ¶ Warum nicht? versetzte die Eule. Weil ich stille Betrachtungen liebe, kann ich deswegen von der Luft leben? Ich weis zwar wohl, daß ihr Menschen es von euren Gelehrten verlanget.–

Die junge Schwalbe. Was macht ihr da? fragte eine Schwalbe die geschäftigen Ameisen. Wir sammeln Vorrath auf den Winter; war die geschwinde Antwort. ❡ Das ist klug, sagte die Schwalbe; das will ich auch thun. Und sogleich fing sie an, eine Menge todter Spinnen und Fliegen in ihr Nest zu tragen. ❡ Aber wozu soll das? fragte endlich ihre Mutter. Wozu? Vorrath auf den bösen Winter, liebe Mutter; sammle doch auch! Die Ameisen haben mich diese Vorsicht gelehrt. ❡ O laß den irrdischen Ameisen diese kleine Klugheit, versetzte die Alte; was sich für sie schickt, schickt sich nicht für bessere Schwalben. Uns hat die gütige Natur ein holderes Schicksal bestimmt. Wenn der reiche Sommer sich endet, ziehen wir von hinnen; auf dieser Reise entschlafen wir allgemach, und da empfangen uns warme Sümpfe, wo wir ohne Bedürfnisse rasten, bis uns ein neuer Frühling zu einem neuen Leben erwecket.

Merops. Ich muß dich doch etwas fragen; sprach ein junger Adler zu einem tiefsinnigen grundgelehrten Uhu. Man sagt, es gäbe einen Vogel, mit Namen Merops, der, wenn er in die Luft steige, mit dem Schwanze voraus, den Kopf gegen die Erde gekehret, fliege. Ist das wahr? ¶ Ey nicht doch! antwortete der Uhu; das ist eine alberne Erdichtung des Menschen. Er mag selbst ein solcher Merops seyn; weil er nur gar zu gern den Himmel erfliegen möchte, ohne die Erde, auch nur einen Augenblick, aus dem Gesichte zu verlieren.

Der Pelekan. Für wohlgerathene Kinder können Aeltern nicht zu viel thun. Aber wenn sich ein blöder Vater für einen ausgearteten Sohn das Blut vom Herzen zapft; dann wird Liebe zur Thorheit. ¶ Ein frommer Pelekan, da er seine Jungen schmachten sahe, ritzte sich mit scharfem Schnabel die Brust auf, und erquickte sie mit seinem Blute. Ich bewundere deine Zärtlichkeit, rief ihm ein Adler zu, und bejammere deine Blindheit. Sieh doch, wie manchen nichtswürdigen Guckuck du unter deinen Jungen mit ausgebrütet hast! ¶ So war es auch wirklich; denn auch ihm hatte der kalte Guckuck seine Eyer untergeschoben. — Waren es undankbare Guckucke werth, daß ihr Leben so theuer erkauft wurde?

Der Löwe und der Tieger. Der Löwe und der Hase, beyde schlafen mit offenen Augen. Und so schlief jener, ermüdet von der gewaltigen Jagd, einst vor dem Eingange seiner fürchterlichen Höhle. ¶ Da sprang ein Tieger vorbey, und lachte des leichten Schlummers. Der nichtsfürchtende Löwe! rief er. Schläft er nicht mit offenen Augen, natürlich wie der Hase! ¶ Wie der Hase? brüllte der aufspringende Löwe, und war dem Spötter an der Gurgel. Der Tieger wälzte sich in seinem Blute, und der beruhigte Sieger legte sich wieder, zu schlafen.

Der Stier und der Hirsch. Ein schwerfälliger Stier und ein flüchtiger Hirsch weideten auf einer Wiese zusammen. ⁋ Hirsch, sagte der Stier, wenn uns der Löwe anfallen sollte, so laß uns für einen Mann stehen; wir wollen ihn tapfer abweisen. — Das muthe mir nicht zu, erwiederte der Hirsch; denn warum sollte ich mich mit dem Löwen in ein ungleiches Gefecht einlassen, da ich ihm sichrer entlaufen kann?

34 **Der Esel und der Wolf.** Ein Esel begegnete einem hungrigen Wolfe. Habe Mitleiden mit mir, sagte der zitternde Esel; ich bin ein armes krankes Thier; sieh nur, was für einen Dorn ich mir in den Fuß getreten habe! ¶ Wahrhaftig, du tauerst mich; versetzte der Wolf. Und ich finde mich in meinem Gewissen verbunden, dich von diesen Schmerzen zu befreyen. ¶ Kaum war das Wort gesagt, so ward der Esel zerrissen.

Der Springer im Schache. Zwey Knaben wollten Schach ziehen. Weil ihnen ein Springer fehlte, so machten sie einen überflüssigen Bauer, durch ein Merkzeichen, dazu. ¶ Ey, riefen die andern Springer, woher, Herr, Schritt vor Schritt? ¶ Die Knaben hörten die Spötterey und sprachen: Schweigt! Thut er uns nicht eben die Dienste, die ihr thut?

36 **Aesopus und der Esel.** Der Esel sprach zu dem Aesopus: Wenn du wieder ein Geschichtchen von mir ausbringst, so laß mich etwas recht vernünftiges und sinnreiches sagen. ⁋ Dich etwas sinnreiches! sagte Aesop; wie würde sich das schicken? Würde man nicht sprechen, du seyst der Sittenlehrer, und ich der Esel?

Fabeln.

Zweites Buch	i	Die eherne Bildsäule 39
	ii	Herkules 40
	iii	Der Knabe und die Schlange 41
	iv	Der Wolf auf dem Todtbette 42
	v	Der Stier und das Kalb 43
	vi	Die Pfauen und die Krähe 44
	vii	Der Löwe mit dem Esel 45
	viii	Der Esel mit dem Löwen 46
	ix	Die blinde Henne 47
	x	Die Esel 48
	xi	Das beschützte Lamm 49
	xii	Jupiter und Apollo 50
	xiii	Die Wasserschlange 51
	xiv	Der Fuchs und die Larve 52
	xv	Der Rabe und der Fuchs 53
	xvi	Der Geitzige 54
	xvii	Der Rabe 55
	xviii	Zevs und das Schaf 56
	xix	Der Fuchs und der Tieger 57
	xx	Der Mann und der Hund 58
	xxi	Die Traube 59
	xxii	Der Fuchs 60
	xxiii	Das Schaf 61
	xxiv	Die Ziegen 62

Zweites Buch	xxv	Der wilde Apfelbaum 63
	xxvi	Der Hirsch und der Fuchs 64
	xxvii	Der Dornstrauch 65
	xxviii	Die Furien 66
	xxix	Tiresias 67
	xxx	Minerva 68

Die eherne Bildſäule. Die eherne Bildſäule eines vortreflichen Künſtlers ſchmolz durch die Hitze einer wüthenden Feuersbrunſt in einen Klumpen. Dieſer Klumpen kam einem andern Künſtler in die Hände, und durch ſeine Geſchicklichkeit verfertigte er eine neue Bildſäule daraus; von der erſtern in dem, was ſie vorſtellete, unterſchieden, an Geſchmack und Schönheit aber ihr gleich.

⁋ Der Neid ſah es und knirſchte. Endlich beſann er ſich auf einen armſeligen Troſt: Der gute Mann würde dieſes, noch ganz erträgliche Stück, auch nicht hervorgebracht haben, wenn ihm nicht die Materie der alten Bildſäule dabey zu Statten gekommen wäre.

40 **Herkules.** Als Herkules in den Himmel aufgenommen ward, machte er seinen Gruß unter allen Göttern der Juno zuerst. Der ganze Himmel und Juno erstaunte darüber. Deiner Feindinn, rief man ihm zu, begegnest du so vorzüglich? Ja, ihr selbst; erwiederte Herkules. Nur ihre Verfolgungen sind es, die mir zu den Thaten Gelegenheit gegeben, womit ich den Himmel verdienet habe. ¶ Der Olymp billigte die Antwort des neuen Gottes, und Juno ward versöhnt.

Der Knabe und die Schlange. Ein Knabe spielte mit einer zahmen Schlange. Mein liebes Thierchen, sagte der Knabe, ich würde mich mit dir so gemein nicht machen, wenn dir das Gift nicht benommen wäre. Ihr Schlangen seyd die boshaftesten, undankbarsten Geschöpfe! Ich habe es wohl gelesen, wie es einem armen Landmann ging, der eine, vielleicht von deinen Uhrältern, die er halb erfroren unter einer Hecke fand, mitleidig aufhob, und sie in seinen erwärmenden Busen steckte. Kaum fühlte sich die Böse wieder, als sie ihren Wohlthäter biß; und der gute freundliche Mann mußte sterben. ⁋ Ich erstaune, sagte die Schlange. Wie partheyisch eure Geschichtschreiber seyn müssen! Die unsrigen erzehlen diese Historie ganz anders. Dein freundlicher Mann glaubte, die Schlange sey wirklich erfroren, und weil es eine von den bunten Schlangen war, so steckte er sie zu sich, ihr zu Hause die schöne Haut abzustreifen. War das recht? ⁋ Ach, schweig nur; erwiederte der Knabe. Welcher Undankbare hätte sich nicht zu entschuldigen gewußt. ⁋ Recht, mein Sohn; fiel der Vater, der dieser Unterredung zugehört hatte, dem Knaben ins Wort. Aber gleichwohl, wenn du einmal von einem ausserordentlichen Undanke hören solltest, so untersuche ja alle Umstände genau, bevor du einen Menschen mit so einem abscheulichen Schandflecke brandmarken lässest. Wahre Wohlthäter haben selten Undankbare verpflichtet; ja, ich will zur Ehre der Menschheit hoffen, – niemals. Aber die Wohlthäter mit kleinen eigennützigen Absichten, die sind es werth, mein Sohn, daß sie Undank anstatt Erkenntlichkeit einwuchern.

42 **Der Wolf auf dem Todtbette.** Der Wolf lag in den letzten Zügen und schickte einen prüfenden Blick auf sein vergangenes Leben zurück. Ich bin freylich ein Sünder, sagte er; aber doch, hoffe ich, keiner von den größten. Ich habe Böses gethan; aber auch viel Gutes. Einsmals, erinnere ich mich, kam mir ein blöckendes Lamm, welches sich von der Heerde verirret hatte, so nahe, daß ich es gar leicht hätte würgen können; und ich that ihm nichts. Zu eben dieser Zeit hörte ich die Spöttereyen und Schmähungen eines Schafes mit der bewundernswürdigsten Gleichgültigkeit an, ob ich schon keine schützende Hunde zu fürchten hatte. ¶ Und das alles kann ich dir bezeugen; fiel ihm Freund Fuchs, der ihn zum Tode bereiten half, ins Wort. Denn ich erinnere mich noch gar wohl aller Umstände dabey. Es war zu eben der Zeit, als du dich an dem Beine so jämmerlich würgtest, das dir der gutherzige Kranich hernach aus dem Schlunde zog.

Der Stier und das Kalb. Ein starker Stier zersplitterte mit seinen Hörnern, indem er sich durch die niedrige Stallthüre drengte, die obere Pfoste. Sieh einmal, Hirte! schrie ein junges Kalb; solchen Schaden thu ich dir nicht. Wie lieb wäre mir es, versetzte dieser, wenn du ihn thun könntest! ¶ Die Sprache des Kalbes ist die Sprache der kleinen Philosophen. Der böse Bayle! wie manche rechtschaffene Seele hat er mit seinen verwegnen Zweifeln geärgert! — O ihr Herren, wie gern wollen wir uns ärgern lassen, wenn jeder von euch ein Bayle werden kann!

44 **Die Pfauen und die Krähe.** Eine stolze Krähe schmückte sich mit den ausgefallenen Federn der farbigten Pfaue, und mischte sich kühn, als sie gnug geschmückt zu seyn glaubte, unter diese glänzende Vögel der Juno. Sie ward erkannt; und schnell fielen die Pfaue mit scharfen Schnäbeln auf sie, ihr den betriegrischen Putz auszureissen. ¶ Lasset nach! schrie sie endlich; ihr habt nun alle das eurige wieder. Doch die Pfaue, welche einige von den eignen glänzenden Schwingfedern der Krähe bemerkt hatten, versetzten: Schweig, armselige Närrin; auch diese können nicht dein seyn! — und hackten weiter.

Der Löwe mit dem Esel. Als des Aesopus Löwe mit dem Esel, der ihm durch seine fürchterliche Stimme die Thiere sollte jagen helfen, nach dem Walde ging, rief ihm eine nasenweise Krähe von dem Baume zu: Ein schöner Gesellschafter! Schämst du dich nicht, mit einem Esel zu gehen? — Wen ich brauchen kann, versetzte der Löwe, dem kann ich ja wohl meine Seite gönnen.
⁋ So denken die Grossen alle, wenn sie einen Niedrigen ihrer Gemeinschaft würdigen.

46   **Der Esel mit dem Löwen.** Als der Esel mit dem Löwen des Aesopus, der ihn statt seines Jägerhorns brauchte, nach dem Walde ging, begegnete ihm ein andrer Esel von seiner Bekanntschaft, und rief ihm zu: Guten Tag, mein Bruder! — Unverschämter! war die Antwort.
⁋ Und warum das? fuhr jener Esel fort. Bist du deßwegen, weil du mit einem Löwen gehst, besser als ich? mehr als ein Esel?

Die blinde Henne. Eine blind gewordene Henne, die des Scharrens gewohnt war, hörte auch blind noch nicht auf, fleiſſig zu ſcharren. Was half es der arbeitſamen Närrin? Eine andre ſehende Henne, welche ihre zarten Füſſe ſchonte, wich nie von ihrer Seite, und genoß, ohne zu ſcharren, die Frucht des Scharrens. Denn ſo oft die blinde Henne ein Korn aufgeſcharret hatte, fraß es die ſehende weg. ¶ Der fleiſſige Deutſche macht die Collectanea, die der witzige Franzoſe nutzt.

48 **Die Esel.** Die Esel beklagten sich bey dem Zevs, daß die Menschen mit ihnen zu grausam umgingen. Unser starker Rücken, sagten sie, trägt ihre Lasten, unter welchen sie und jedes schwächere Thier erliegen müßten. Und doch wollen sie uns, durch unbarmherzige Schläge, zu einer Geschwindigkeit nöthigen, die uns durch die Last unmöglich gemacht würde, wenn sie uns auch die Natur nicht versagt hätte. Verbiete ihnen, Zevs, so unbillig zu seyn, wenn sich die Menschen anders etwas böses verbieten lassen. Wir wollen ihnen dienen, weil es scheinet, daß du uns darzu erschaffen hast; allein geschlagen wollen wir ohne Ursach nicht seyn. ¶ Mein Geschöpf, antwortete Zevs ihrem Sprecher, die Bitte ist nicht ungerecht; aber ich sehe keine Möglichkeit, die Menschen zu überzeugen, daß eure natürliche Langsamkeit keine Faulheit sey. Und so lange sie dieses glauben, werdet ihr geschlagen werden. — Doch ich sinne euer Schicksal zu erleichtern. — Die Unempfindlichkeit soll von nun an euer Theil seyn; eure Haut soll sich gegen die Schläge verhärten, und den Arm des Treibers ermüden. ¶ Zevs, schrien die Esel, du bist allezeit weise und gnädig! — Sie gingen erfreut von seinem Throne, als dem Throne der allgemeinen Liebe.

Das beschützte Lamm. Hylax, aus dem Geschlechte der Wolfshunde, bewachte ein frommes Lamm. Ihn erblickte Lykodes, der gleichfalls an Haar, Schnautze und Ohren einem Wolfe ähnlicher war, als einem Hunde, und fuhr auf ihn los. Wolf, schrie er, was machst du mit diesem Lamme? ¶ Wolf selbst! versetzte Hylax. (Die Hunde verkannten sich beyde.) Geh! oder du sollst es erfahren, daß ich sein Beschützer bin! ¶ Doch Lykodes will das Lamm dem Hylax mit Gewalt nehmen; Hylax will es mit Gewalt behaupten, und das arme Lamm. – Treffliche Beschützer! — wird darüber zerrissen.

50 **Jupiter und Apollo.** Jupiter und Apollo stritten, welcher von ihnen der beste Bogenschütze sey. Laß uns die Probe machen! sagte Apollo. Er spannte seinen Bogen, und schoß so mitten in das bemerkte Ziel, daß Jupiter keine Möglichkeit sahe, ihn zu übertreffen. — Ich sehe, sprach er, daß du wirklich sehr wohl schiessest. Ich werde Mühe haben, es besser zu machen. Doch will ich es ein andermal versuchen. — Er soll es noch versuchen, der kluge Jupiter!

Die Wasserschlange. Zeus hatte nunmehr den Fröschen einen andern König gegeben; anstatt eines frieblichen Klotzes, eine gefräſſige Waſſerſchlange. ¶ Willſt du unſer König ſeyn, ſchrieen die Fröſche, warum verſchlingſt du uns? — Darum, antwortete die Schlange, weil ihr um mich gebeten habt. ¶ Ich habe nicht um dich gebeten! rief einer von den Fröſchen, den ſie ſchon mit den Augen verſchlang. — Nicht? ſagte die Waſſerſchlange. Deſto ſchlimmer! So muß ich dich verſchlingen, weil du nicht um mich gebeten haſt.

52 **Der Fuchs und die Larve.** Vor alten Zeiten fand ein Fuchs die hohle, einen weiten Mund aufreissende Larve eines Schauspielers. Welch ein Kopf! sagte der betrachtende Fuchs. Ohne Gehirn, und mit einem offenen Munde! Sollte das nicht der Kopf eines Schwätzers gewesen seyn? ¶ Dieser Fuchs kannte euch, ihr ewigen Redner, ihr Strafgerichte des unschuldigsten unserer Sinne!

Der Rabe und der Fuchs. Ein Rabe trug ein Stück vergiftetes Fleisch, das der erzürnte Gärtner für die Katzen seines Nachbars hingeworfen hatte, in seinen Klauen fort. ¶ Und eben wollte er es auf einer alten Eiche verzehren, als sich ein Fuchs herbey schlich, und ihm zurief: Sey mir gesegnet, Vogel des Jupiters! — Für wen siehst du mich an? fragte der Rabe. — Für wen ich dich ansehe? erwiederte der Fuchs. Bist du nicht der rüstige Adler, der täglich von der Rechte des Zevs auf diese Eiche herab kömmt, mich Armen zu speisen? Warum verstellst du dich? Sehe ich denn nicht in der siegreichen Klaue die erflehte Gabe, die mir dein Gott durch dich zu schicken noch fortfährt? ¶ Der Rabe erstaunte, und freuete sich innig, für einen Adler gehalten zu werden. Ich muß, dachte er, den Fuchs aus diesem Irrthume nicht bringen. — Großmüthig dumm ließ er ihm also seinen Raub herabfallen, und flog stolz davon. ¶ Der Fuchs fing das Fleisch lachend auf, und fraß es mit boshafter Freude. Doch bald verkehrte sich die Freude in ein schmerzhaftes Gefühl; das Gift fing an zu wirken, und er verreckte. ¶ Möchtet ihr euch nie etwas anders als Gift erloben, verdammte Schmeichler!

Der Geizige. Ich Unglücklicher! klagte ein Geizhals seinem Nachbar. Man hat mir den Schatz, den ich in meinem Garten vergraben hatte, diese Nacht entwendet, und einen verdammten Stein an dessen Stelle gelegt. ¶ Du würdest, antwortete ihm der Nachbar, deinen Schatz doch nicht genutzt haben. Bilde dir also ein, der Stein sey dein Schatz; und du bist nichts ärmer. ¶ Wäre ich auch schon nichts ärmer, erwiederte der Geizhals; ist ein andrer nicht um so viel reicher? Ein andrer um so viel reicher! Ich möchte rasend werden.

Der Rabe. Der Fuchs sahe, daß der Rabe die Altäre der Götter beraubte, und von ihren Opfern mit lebte. Da dachte er bey sich selbst: Ich möchte wohl wissen, ob der Rabe Antheil an den Opfern hat, weil er ein prophetischer Vogel ist; oder ob man ihn für einen prophetischen Vogel hält, weil er frech genug ist, die Opfer mit den Göttern zu theilen.

56 Zeus und das Schaf. Das Schaf mußte von allen Thieren vieles leiden. Da trat es vor den Zeus, und bat, sein Elend zu mindern. ¶ Zeus schien willig, und sprach zu dem Schafe: Ich sehe wohl, mein frommes Geschöpf, ich habe dich allzuwehrlos erschaffen. Nun wähle, wie ich diesem Fehler am besten abhelfen soll. Soll ich deinen Mund mit schrecklichen Zähnen, und deine Füsse mit Krallen rüsten? ¶ O nein, sagte das Schaf; ich will nichts mit den reissenden Thieren gemein haben. ¶ Oder, fuhr Zeus fort, soll ich Gift in deinen Speichel legen? ¶ Ach! versetzte das Schaf; die giftigen Schlangen werden ja so sehr gehasset. ¶ Nun was soll ich denn? Ich will Hörner auf deine Stirne pflanzen, und Stärke deinem Nacken geben. ¶ Auch nicht, gütiger Vater; ich könnte leicht so stössig werden, als der Bock. ¶ Und gleichwohl, sprach Zeus, mußt du selbst schaden können, wenn sich andere, dir zu schaden, hüten sollen. ¶ Müßt ich das! seufzte das Schaf. O so laß mich, gütiger Vater, wie ich bin. Denn das Vermögen, schaden zu können, erweckt, fürchte ich, die Lust, schaden zu wollen; und es ist besser, Unrecht leiden, als Unrecht thun. ¶ Zeus segnete das fromme Schaf, und es vergaß von Stund an, zu klagen.

Der Fuchs und der Tieger. Deine Geschwindigkeit und Stärke, sagte ein Fuchs zu dem Tieger, möchte ich mir wohl wünschen. ¶ Und sonst hätte ich nichts, was dir anstünde? fragte der Tieger. ¶ Ich wüßte nichts! — Auch mein schönes Fell nicht? fuhr der Tieger fort. Es ist so vielfärbig als dein Gemüth, und das Aeussere würde sich vortrefflich zu dem Innern schicken. ¶ Eben darum, versetzte der Fuchs, danke ich recht sehr dafür. Ich muß das nicht scheinen, was ich bin. Aber wollten die Götter, daß ich meine Haare mit Federn vertauschen könnte!

58   Der Mann und der Hund. Ein Mann ward von einem Hunde gebissen, gerieth darüber in Zorn, und erschlug den Hund. Die Wunde schien gefährlich, und der Arzt mußte zu Rathe gezogen werden. ¶ Hier weis ich kein besseres Mittel, sagte der Empiricus, als daß man ein Stücke Brodt in die Wunde tauche, und es dem Hunde zu fressen gebe. Hilft diese sympathetische Cur nicht, so — Hier zuckte der Arzt die Achsel. ¶ Unglücklicher Jachzorn! rief der Mann; sie kann nicht helfen, denn ich habe den Hund erschlagen.

Die Traube. Ich kenne einen Dichter, dem die schreiende Bewunderung seiner kleinen Nachahmer weit mehr geschadet hat, als die neidische Verachtung seiner Kunstrichter. ¶ Sie ist ja doch sauer! sagte der Fuchs von der Traube, nach der er lange genug vergebens gesprungen war. Das hörte ein Sperling und sprach: Sauer sollte diese Traube seyn? Darnach sieht sie mir doch nicht aus! Er flog hin, und kostete, und fand sie ungemein süsse, und rief hundert näschiche Brüder herbey. Kostet doch! schrie er; kostet doch! Diese treffliche Traube schalt der Fuchs sauer. — Sie kosteten alle, und in wenig Augenblicken ward die Traube so zugerichtet, daß nie ein Fuchs wieder darnach sprang.

60　**Der Fuchs.** Ein verfolgter Fuchs rettete sich auf eine Mauer. Um auf der andern Seite gut herab zu kommen, ergriff er einen nahen Dornenstrauch. Er ließ sich auch glücklich daran nieder, nur daß ihn die Dornen schmerzlich verwundeten. Elende Helfer, rief der Fuchs, die nicht helfen können, ohne zugleich zu schaden!

Das Schaf. Als Jupiter das Fest seiner Vermählung feyerte, und alle Thiere ihm Geschenke brachten, vermißte Juno das Schaf. ¶ Wo bleibt das Schaf? fragte die Göttin. Warum versäumt das fromme Schaf, uns sein wohlmeinendes Geschenk zu bringen? ¶ Und der Hund nahm das Wort und sprach: Zürne nicht, Göttin! Ich habe das Schaf noch heute gesehen; es war sehr betrübt, und jammerte laut. ¶ Und warum jammerte das Schaf? fragte die schon gerührte Göttin. ¶ Ich ärmste! so sprach es. Ich habe itzt weder Wolle, noch Milch; was werde ich dem Jupiter schenken? Soll ich, ich allein, leer vor ihm erscheinen? Lieber will ich hingehen, und den Hirten bitten, daß er mich ihm opfere! ¶ Indem drang mit des Hirten Gebete, der Rauch des geopferten Schafes, dem Jupiter ein süsser Geruch, durch die Wolken. Und jetzt hätte Juno die erste Thräne geweinet, wenn Thränen ein unsterbliches Auge benetzten.

62 **Die Ziegen.** Die Ziegen baten den Zevs, auch ihnen Hörner zu geben; denn Anfangs hatten die Ziegen keine Hörner. ¶ Ueberlegt es wohl, was ihr bittet: sagte Zevs. Es ist mit dem Geschenke der Hörner ein anderes unzertrennlich verbunden, das euch so angenehm nicht seyn möchte. ¶ Doch die Ziegen beharrten auf ihrer Bitte, und Zevs sprach: So habet denn Hörner! ¶ Und die Ziegen bekamen Hörner — und Bart! Denn Anfangs hatten die Ziegen auch keinen Bart. O wie schmerzte sie der häßliche Bart! Weit mehr, als sie die stolzen Hörner erfreuten!

Der wilde Apfelbaum. In den hohlen Stamm eines wilden Apfelbaumes ließ sich ein Schwarm Bienen nieder. Sie füllten ihn mit den Schätzen ihres Honigs, und der Baum ward so stolz darauf, daß er alle andere Bäume gegen sich verachtete. ¶ Da rief ihm ein Rosenstock zu: Elender Stolz auf geliehene Süffigkeiten! Ist deine Frucht darum weniger herbe? In diese treibe den Honig herauf, wenn du es vermagst; und dann erst wird der Mensch dich segnen!

64 **Der Hirsch und der Fuchs.** Der Hirsch sprach zu dem Fuchse: Nun wehe uns armen schwächern Thieren! Der Löwe hat sich mit dem Wolfe verbunden. ¶ Mit dem Wolfe? sagte der Fuchs. Das mag noch hingehen! Der Löwe brüllet, der Wolf heulet; und so werdet ihr euch noch oft bey Zeiten mit der Flucht retten können. Aber alsdenn, alsdenn möchte es um uns alle geschehen seyn, wenn es dem gewaltigen Löwen einfallen sollte, sich mit dem schleichenden Luchse zu verbinden.

Der Dornstrauch. Aber sage mir doch, fragte die Weide den Dornstrauch, warum du nach den Kleidern des vorbeygehenden Menschen so begierig bist? Was willst du damit? Was können sie dir helfen? ⁋ Nichts! sagte der Dornstrauch. Ich will sie ihm auch nicht nehmen; ich will sie ihm nur zerreissen.

66 **Die Furien.** Meine Furien, sagte Pluto zu dem Bothen der Götter, werden alt und stumpf. Ich brauche frische. Geh also, Merkur, und suche mir auf der Oberwelt drey tüchtige Weibspersonen dazu aus. Merkur ging.
❧ Kurz hierauf sagte Juno zu ihrer Dienerin: Glaubtest du wohl, Iris, unter den Sterblichen zwey oder drey vollkommen strenge, züchtige Mädchen zu finden? Aber vollkommen strenge! Verstehst du mich? Um Cytheren Hohn zu sprechen, die sich das ganze weibliche Geschlecht unterworfen zu haben, rühmet. Geh immer, und sieh, wo du sie auftreibest. Iris ging. ❧ In welchem Winkel der Erde suchte nicht die gute Iris! Und dennoch umsonst! Sie kam ganz allein wieder, und Juno rief ihr entgegen: Ist es möglich? O Keuschheit! O Tugend!
❧ Göttin, sagte Iris; ich hätte dir wohl drey Mädchen bringen können, die alle drey vollkommen streng und züchtig gewesen; die alle drey nie einer Mannsperson gelächelt; die alle drey den geringsten Funken der Liebe in ihren Herzen erstickt: aber ich kam, leider, zu spät. ❧ Zu spät? sagte Juno. Wie so? ❧ Eben hatte sie Merkur für den Pluto abgeholt. ❧ Für den Pluto? Und wozu will Pluto diese Tugendhaften? ❧ Zu Furien.

Tiresias. Tiresias nahm seinen Stab, und ging über Feld. Sein Weg trug ihn durch einen heiligen Hain, und mitten in dem Haine, wo drey Wege einander durchkreutzten, ward er ein Paar Schlangen gewahr, die sich begatteten. Da hub Tiresias seinen Stab auf, und schlug unter die verliebten Schlangen. — Aber, o Wunder! Indem der Stab auf die Schlangen herabsank, ward Tiresias zum Weibe. ¶ Nach neun Monden ging das Weib Tiresias wieder durch den heiligen Hain; und an eben dem Orte, wo die drey Wege einander durchkreutzten, ward sie ein Paar Schlangen gewahr, die mit einander kämpften. Da hub Tiresias abermals ihren Stab auf, und schlug unter die ergrimmten Schlangen, und — O Wunder! Indem der Stab die kämpfenden Schlangen schied, ward das Weib Tiresias wieder zum Manne.

68 **Minerva.** Laß sie doch, Freund, laß sie, die kleinen hämischen Neider deines wachsenden Ruhmes! Warum will dein Witz ihre der Vergessenheit bestimmte Namen verewigen? ¶ In dem unsinnigen Kriege, welchen die Riesen wider die Götter führten, stellten die Riesen der Minerva einen schrecklichen Drachen entgegen. Minerva aber ergriff den Drachen, und schleuderte ihn mit gewaltiger Hand an das Firmament. Da glänzt er noch; und was so oft großer Thaten Belohnung war, ward des Drachen beneidenswürdige Strafe.

Fabeln.

Drittes Buch	i	Der Besitzer des Bogens	71
	ii	Die Nachtigall und die Lerche	72
	iii	Der Geist des Salomo	73
	iv	Das Geschenk der Feyen	74
	v	Das Schaf und die Schwalbe	75
	vi	Der Rabe	76
	vii	Der Rangstreit der Thiere	77
	viii	Der Rangstreit der Thiere	78
	ix	Der Rangstreit der Thiere	79
	x	Der Rangstreit der Thiere	80
	xi	Der Bär und der Elephant	81
	xii	Der Strauß	82
	xiii	Die Wohlthaten	83
	xiv	Die Wohlthaten	84
	xv	Die Eiche	85
	xvi	Die Geschichte des alten Wolfs	86
	xvii	Die Geschichte des alten Wolfs	87
	xviii	Die Geschichte des alten Wolfs	88
	xix	Die Geschichte des alten Wolfs	89
	xx	Die Geschichte des alten Wolfs	90
	xxi	Die Geschichte des alten Wolfs	91
	xxii	Die Geschichte des alten Wolfs	92
	xxiii	Die Maus	93
	xxiv	Die Schwalbe	94

Drittes Buch	xxv	Der Adler 95
	xxvi	Der junge und der alte Hirsch 96
	xxvii	Der Pfau und der Hahn 97
	xxviii	Der Hirsch 98
	xxix	Der Adler und der Fuchs 99
	xxx	Der Schäfer und die Nachtigall 100

Der Besitzer des Bogens. Ein Mann hatte einen trefflichen Bogen von Ebenholz, mit dem er sehr weit und sehr sicher schoß, und den er ungemein werth hielt. Einst aber, als er ihn aufmerksam betrachtete, sprach er: Ein wenig zu plump bist du doch! Alle deine Zierde ist die Glätte. Schade! — Doch dem ist abzuhelfen; fiel ihm ein. Ich will hingehen und den besten Künstler Bilder in den Bogen schnitzen lassen. — Er ging hin; und der Künstler schnitzte eine ganze Jagd auf den Bogen; und was hätte sich besser auf einen Bogen geschickt, als eine Jagd? ⁋ Der Mann war voller Freuden. Du verdienest diese Zierrathen, mein lieber Bogen! — Indem will er ihn versuchen; er spannt, und der Bogen — zerbricht.

72 **Die Nachtigall und die Lerche.** Was soll man zu den Dichtern sagen, die so gern ihren Flug weit über alle Fassung des größten Theiles ihrer Leser nehmen? Was sonst, als was die Nachtigall einst zu der Lerche sagte: Schwingst du dich, Freundin, nur darum so hoch, um nicht gehört zu werden?

Der Geist des Salomo. Ein ehrlicher Greis trug des Tages Last und Hitze, sein Feld mit eigner Hand zu pflügen, und mit eigner Hand den reinen Saamen in den lockern Schooß der willigen Erde zu streuen. ¶ Auf einmal stand unter dem breiten Schatten einer Linde, eine göttliche Erscheinung vor ihm da! Der Greis stutzte. ¶ Ich bin Salomo: sagte mit vertraulicher Stimme das Phantom. Was machst du hier, Alter? ¶ Wenn du Salomo bist, versetzte der Alte, wie kannst du fragen? Du schicktest mich in meiner Jugend zu der Ameise; ich sahe ihren Wandel, und lernte von ihr fleissig seyn, und sammeln. Was ich da lernte, das thue ich noch. ¶ Du hast deine Lection nur halb gelernet: versetzte der Geist. Geh noch einmal hin zur Ameise, und lerne nun auch von ihr in dem Winter deiner Jahre ruhen, und des Gesammelten geniessen.

74　**Das Geschenk der Feyen.** Zu der Wiege eines jungen Prinzen, der in der Folge einer der größten Regenten seines Landes ward, traten zwey wohlthätige Feyen.

¶ Ich schenke diesem meinem Lieblinge, sagte die eine, den scharfsichtigen Blick des Adlers, dem in seinem weiten Reiche auch die kleinste Mücke nicht entgeht.

¶ Das Geschenk ist schön: unterbrach sie die zweyte Feye. Der Prinz wird ein einsichtsvoller Monarch werden. Aber der Adler besitzt nicht allein Scharfsichtigkeit, die kleinsten Mücken zu bemerken; er besitzt auch eine edle Verachtung, ihnen nicht nachzujagen. Und diese nehme der Prinz von mir zum Geschenk! ¶ Ich danke dir, Schwester, für diese weise Einschränkung: versetzte die erste Feye. Es ist wahr; viele würden weit größere Könige gewesen seyn, wenn sie sich weniger mit ihrem durch=dringenden Verstande bis zu den kleinsten Angelegen=heiten hätten erniedrigen wollen.

Das Schaf und die Schwalbe. Eine Schwalbe flog auf ein Schaf, ihm ein wenig Wolle, für ihr Nest, auszurupfen. Das Schaf sprang unwillig hin und wieder. Wie bist du denn nur gegen mich so karg? sagte die Schwalbe. Dem Hirten erlaubst du, daß er dich deiner Wolle über und über entblössen darf; und mir verweigerst du eine kleine Flocke. Woher kömmt das? ¶ Das kömmt daher, antwortete das Schaf, weil du mir meine Wolle nicht mit eben so guter Art zu nehmen weißt, als der Hirte.

76 **Der Rabe.** Der Rabe bemerkte, daß der Adler ganze dreyßig Tage über seinen Eyern brütete. Und daher kömmt es, ohne Zweifel, sprach er, daß die Jungen des Adlers so allsehend und stark werden. Gut! das will ich auch thun. ¶ Und seitdem brütet der Rabe wirklich ganze dreyßig Tage über seinen Eyern; aber noch hat er nichts, als elende Raben ausgebrütet.

Der Rangstreit der Thiere (in vier Fabeln) Es entstand ein hitziger Rangstreit unter den Thieren. Ihn zu schlichten, sprach das Pferd, lasset uns den Menschen zu Rathe ziehen; er ist keiner von den streitenden Theilen, und kann desto unpartheyischer seyn. ¶ Aber hat er auch den Verstand dazu? ließ sich ein Maulwurf hören. Er braucht wirklich den allerfeinsten, unsere oft tief versteckte Vollkommenheiten zu erkennen. ¶ Das war sehr weislich erinnert! sprach der Hamster. ¶ Ja wohl! rief auch der Igel. Ich glaube es nimmermehr, daß der Mensch Scharfsichtigkeit genug besitzet. ¶ Schweigt ihr! befahl das Pferd. Wir wissen es schon: Wer sich auf die Güte seiner Sache am wenigsten zu verlassen hat, ist immer am fertigsten, die Einsicht seines Richters in Zweifel zu ziehen.

78 **Der Rangstreit der Thiere** (2) Der Mensch ward Richter. — Noch ein Wort, rief ihm der majestätische Löwe zu, bevor du den Ausspruch thust! Nach welcher Regel, Mensch, willst du unsern Werth bestimmen? ¶ Nach welcher Regel? Nach dem Grade, ohne Zweifel, antwortete der Mensch, in welchem ihr mir mehr oder weniger nützlich seyd. ¶ Vortrefflich! versetzte der beleidigte Löwe. Wie weit würde ich alsdenn unter dem Esel zu stehen kommen! Du kannst unser Richter nicht seyn, Mensch! Verlaß die Versammlung!

Der Rangstreit der Thiere (3) Der Mensch entfernte sich. — Nun, sprach der höhnische Maulwurf, — (und ihm stimmte der Hamster und der Igel wieder bey) – siehst du, Pferd? der Löwe meint es auch, daß der Mensch unser Richter nicht seyn kann. Der Löwe denkt, wie wir.
⁋ Aber aus bessern Gründen, als ihr! sagte der Löwe, und warf ihnen einen verächtlichen Blick zu.

Der Rangstreit der Thiere (4) Der Löwe fuhr weiter fort: Der Rangstreit, wenn ich es recht überlege, ist ein nichtswürdiger Streit! Haltet mich für den Vornehmsten oder für den Geringsten; es gilt mir gleich viel. Genug ich kenne mich! — Und so ging er aus der Versammlung. ¶ Ihm folgte der weise Elephant, der kühne Tieger, der ernsthafte Bär, der kluge Fuchs, das edle Pferd; kurz, alle, die ihren Werth fühlten, oder zu fühlen glaubten. ¶ Die sich am letzten wegbegaben, und über die zerrissene Versammlung am meisten murreten, waren — der Affe und der Esel.

Der Bär und der Elephant. Die unverständigen Menschen! sagte der Bär zu dem Elephanten. Was fordern sie nicht alles von uns bessern Thieren! Ich muß nach der Musik tanzen; ich, der ernsthafte Bär! Und sie wissen es doch nur allzuwohl, daß sich solche Possen zu meinem ehrwürdigen Wesen nicht schicken; denn warum lachten sie sonst, wenn ich tanze? ¶ Ich tanze auch nach der Musik: versetzte der gelehrige Elephant; und glaube eben so ernsthaft und ehrwürdig zu seyn, als du. Gleichwohl haben die Zuschauer nie über mich gelacht; freudige Bewunderung bloß war auf ihren Gesichtern zu lesen. Glaube mir also, Bär; die Menschen lachen nicht darüber, daß du tanzest, sondern darüber, daß du dich so albern dazu anschickst.

82 **Der Strauß.** Das pfeilschnelle Rennthier sahe den Strauß, und sprach: Das Laufen des Straußes ist so ausserordentlich eben nicht; aber ohne Zweifel fliegt er desto besser. ¶ Ein andermal sahe der Adler den Strauß und sprach: Fliegen kann der Strauß nun wohl nicht; aber ich glaube, er muß gut laufen können.

Die Wohlthaten (in zwey Fabeln) Haft du wohl einen größern Wohlthäter unter den Thieren, als uns? fragte die Biene den Menschen. ❡ Ja wohl! erwiederte dieser. ❡ Und wen? ❡ Das Schaf! Denn seine Wolle ist mir nothwendig, und dein Honig ist mir nur angenehm.

84 **Die Wohlthaten** (2) Und willst du noch einen Grund wissen, warum ich das Schaf für meinen grössern Wohlthäter halte, als dich Biene? Das Schaf schenket mir seine Wolle ohne die geringste Schwierigkeit; aber wenn du mir deinen Honig schenkest, muß ich mich noch immer vor deinem Stachel fürchten.

Die Eiche. Der rasende Nordwind hatte seine Stärke in einer stürmischen Nacht an einer erhabenen Eiche bewiesen. Nun lag sie gestreckt, und eine Menge niedriger Sträuche lagen unter ihr zerschmettert. Ein Fuchs, der seine Grube nicht weit davon hatte, sahe sie des Morgens darauf. Was für ein Baum! rief er. Hätte ich doch nimmermehr gedacht, daß er so groß gewesen wäre!

86 **Die Geschichte des alten Wolfs** (in sieben Fabeln) Der böse Wolf war zu Jahren gekommen, und faßte den gleissenden Entschluß, mit den Schäfern auf einem gütlichen Fuß zu leben. Er machte sich also auf, und kam zu dem Schäfer, dessen Horden seiner Höhle die nächsten waren. ¶ Schäfer, sprach er, du nennest mich den blutgierigen Räuber, der ich doch wirklich nicht bin. Freylich muß ich mich an deine Schafe halten, wenn mich hungert; denn Hunger thut weh. Schütze mich nur vor dem Hunger; mache mich nur satt, und du sollst mit mir recht wohl zufrieden seyn. Denn ich bin wirklich das zahmste, sanftmüthigste Thier, wenn ich satt bin.
¶ Wenn du satt bist? Das kann wohl seyn: versetzte der Schäfer. Aber wenn bist du denn satt? Du und der Geitz werden es nie. Geh deinen Weg!

Die Geschichte des alten Wolfs (2) Der abgewiesene Wolf kam zu einem zweyten Schäfer. ¶ Du weist Schäfer, war seine Anrede, daß ich dir, das Jahr durch, manches Schaf würgen könnte. Willst du mir überhaupt jedes Jahr sechs Schafe geben; so bin ich zufrieden. Du kannst alsdenn sicher schlafen, und die Hunde ohne Bedenken abschaffen. ¶ Sechs Schafe? sprach der Schäfer. Das ist ja eine ganze Heerde! ¶ Nun, weil du es bist, so will ich mich mit fünfen begnügen: sagte der Wolf. ¶ Du scherzest; fünf Schafe! Mehr als fünf Schafe opfre ich kaum im ganzen Jahre dem Pan. ¶ Auch nicht viere? fragte der Wolf weiter; und der Schäfer schüttelte spöttisch den Kopf. ¶ Drey? — Zwey? ¶ Nicht ein einziges; fiel endlich der Bescheid. Denn es wäre ja wohl thöricht, wenn ich mich einem Feinde zinsbar machte, vor welchem ich mich durch meine Wachsamkeit sichern kann.

88 Die Geschichte des alten Wolfs (3) Aller guten Dinge sind drey; dachte der Wolf und kam zu einem dritten Schäfer. ¶ Es geht mir recht nahe, sprach er, daß ich unter euch Schäfern als das grausamste, gewissenloseste Thier verschrieen bin. Dir, Montan, will ich itzt beweisen, wie unrecht man mir thut. Gib mir jährlich ein Schaf, so soll deine Heerde in jenem Walde, den niemand unsicher macht, als ich, frey und unbeschädiget weiden dürfen. Ein Schaf! Welche Kleinigkeit! Könnte ich großmüthiger, könnte ich uneigennütziger handeln? – Du lachst, Schäfer? Worüber lachst du denn? ¶ O über nichts! Aber wie alt bist du, guter Freund? sprach der Schäfer. ¶ Was geht dich mein Alter an? Immer noch alt genug, dir deine liebsten Lämmer zu würgen. ¶ Erzürne dich nicht, alter Isegrim! Es thut mir Leid, daß du mit deinem Vorschlage einige Jahre zu späte kömmst. Deine ausgebissenen Zähne verrathen dich. Du spielst den Uneigennützigen, bloß um dich desto gemächlicher, mit desto weniger Gefahr nähren zu können.

Die Geschichte des alten Wolfs (4) Der Wolf ward ärgerlich, faßte sich aber doch, und ging auch zu dem vierten Schäfer. Diesem war eben sein treuer Hund gestorben, und der Wolf machte sich den Umstand zu Nutze.
⁋ Schäfer, sprach er, ich habe mich mit meinen Brüdern in dem Walde veruneiniget, und so, daß ich mich in Ewigkeit nicht wieder mit ihnen aussöhnen werde. Du weißt, wie viel du von ihnen zu fürchten hast! Wenn du mich aber, anstatt deines verstorbenen Hundes, in Dienste nehmen willst, so stehe ich dir dafür, daß sie keines deiner Schafe auch nur scheel ansehen sollen.
⁋ Du willst sie also, versetzte der Schäfer, gegen deine Brüder im Walde beschützen? ⁋ Was meine ich denn sonst? Freylich. ⁋ Das wäre nicht übel! Aber, wenn ich dich nun in meine Horden einnähme, sage mir doch, wer sollte alsdenn meine armen Schafe gegen dich beschützen? Einen Dieb ins Haus nehmen, um vor den Dieben ausser dem Hause sicher zu seyn, das halten wir Menschen –⁋ Ich höre schon: sagte der Wolf; du fängst an zu moralisiren. Lebe wohl!

Die Geschichte des alten Wolfs (5) Wäre ich nicht so alt! knirschte der Wolf. Aber ich muß mich, leider, in die Zeit schicken. Und so kam er zu dem fünften Schäfer.

¶ Kennst du mich, Schäfer? fragte der Wolf. ¶ Deines gleichen wenigstens kenne ich: versetzte der Schäfer. ¶ Meines gleichen? Daran zweifle ich sehr. Ich bin ein so sonderbarer Wolf, daß ich deiner, und aller Schäfer Freundschaft wohl werth bin. ¶ Und wie sonderbar bist du denn? ¶ Ich könnte kein lebendiges Schaf würgen und fressen, und wenn es mir das Leben kosten sollte. Ich nähre mich blos mit todten Schafen. Ist das nicht löblich? Erlaube mir also immer, daß ich mich dann und wann bey deiner Heerde einfinden, und nachfragen darf, ob dir nicht — ¶ Spare der Worte! sagte der Schäfer. Du müßtest gar keine Schafe fressen, auch nicht einmal todte, wenn ich dein Feind nicht seyn sollte. Ein Thier, das mir schon todte Schafe frißt, lernt leicht aus Hunger kranke Schafe für todt, und gesunde für krank ansehen. Mache auf meine Freundschaft also keine Rechnung, und geh!

Die Geschichte des alten Wolfs (6) Ich muß nun schon
mein Liebstes daran wenden, um zu meinem Zwecke
zu gelangen! dachte der Wolf, und kam zu dem sechsten
Schäfer. ⁋ Schäfer, wie gefällt dir mein Belz? fragte
der Wolf. ⁋ Dein Belz? sagte der Schäfer. Laß sehen!
Er ist schön; die Hunde müssen dich nicht oft unter
gehabt haben. ⁋ Nun so höre, Schäfer; ich bin alt, und
werde es so lange nicht mehr treiben. Füttere mich zu
Tode; und ich vermache dir meinen Belz. ⁋ Ey sieh doch!
sagte der Schäfer. Kömmst du auch hinter die Schliche
der alten Geitzhälse? Nein, nein; dein Belz würde
mich am Ende siebenmal mehr kosten, als er werth wäre.
Ist es dir aber ein Ernst, mir ein Geschenk zu machen,
so gieb mir ihn gleich itzt. — Hiermit grif der Schäfer
nach der Keule, und der Wolf flohe.

92 **Die Geschichte des alten Wolfs** (7) O die Unbarm=
herzigen! schrie der Wolf, und gerieth in die äusserste
Wuth. So will ich auch als ihr Feind sterben, ehe mich der
Hunger tödtet; denn sie wollen es nicht besser! ⁋ Er lief,
brach in die Wohnungen der Schäfer ein, riß ihre
Kinder nieder, und ward nicht ohne grosse Mühe von
den Schäfern erschlagen. ⁋ Da sprach der Weiseste von
ihnen: Wir thaten doch wohl Unrecht, daß wir den
alten Räuber auf das Aeusserste brachten, und ihm alle
Mittel zur Besserung, so spät und erzwungen sie auch
war, benahmen!

Die Maus. Eine philosophische Maus pries die gütige Natur, daß sie die Mäuse zu einem so vorzüglichen Gegenstande ihrer Erhaltung gemacht habe. Denn eine Helfte von uns, sprach sie, erhielt von ihr Flügel, daß, wenn wir hier unten auch alle von den Katzen ausgerottet würden, sie doch mit leichter Mühe aus den Fledermäusen unser ausgerottetes Geschlecht wieder herstellen könnte. ¶ Die gute Maus wußte nicht, daß es auch geflügelte Katzen giebt. Und so beruhet unser Stolz meistens auf unsrer Unwissenheit!

Die Schwalbe. Glaubet mir, Freunde; die grosse Welt ist nicht für den Weisen, ist nicht für den Dichter! Man kennet da ihren wahren Werth nicht, und ach! sie sind oft schwach genug, ihn mit einem nichtigen zu vertauschen. ¶ In den ersten Zeiten war die Schwalbe ein eben so tonreicher, melodischer Vogel, als die Nachtigall. Sie ward es aber bald müde, in den einsamen Büschen zu wohnen, und da von niemand, als dem fleissigen Landmanne und der unschuldigen Schäferinn gehöret und bewundert zu werden. Sie verließ ihre demüthigere Freundin, und zog in die Stadt. — Was geschah? Weil man in der Stadt nicht Zeit hatte, ihr göttliches Lied zu hören, so verlernte sie es nach und nach, und lernte dafür — bauen.

Der Adler. Man fragte den Adler: warum erziehest du deine Jungen so hoch in der Luft? ¶ Der Adler antwortete: Würden sie sich, erwachsen, so nahe zur Sonne wagen, wenn ich sie tief an der Erde erzöge?

96 **Der junge und der alte Hirsch.** Ein Hirsch, den die gütige Natur Jahrhunderte leben laſſen, ſagte einſt zu einem ſeiner Enkel: Ich kann mich der Zeit noch ſehr wohl erinnern, da der Menſch das donnernde Feuerrohr noch nicht erfunden hatte. ❡ Welche glückliche Zeit muß das für unſer Geſchlecht geweſen ſeyn! ſeufzete der Enkel. ❡ Du ſchlieſſeſt zu geſchwind! ſagte der alte Hirſch. Die Zeit war anders, aber nicht beſſer. Der Menſch hatte da, anſtatt des Feuerrohres, Pfeile und Bogen; und wir waren eben ſo ſchlimm daran, als itzt.

Der Pfau und der Hahn. Einst sprach der Pfau zu der Henne: Sieh einmal, wie hochmüthig und trotzig dein Hahn einher tritt! Und doch sagen die Menschen nicht: der stolze Hahn; sondern nur immer: der stolze Pfau.
⁋ Das macht, sagte die Henne, weil der Mensch einen gegründeten Stolz übersiehet. Der Hahn ist auf seine Wachsamkeit, auf seine Mannheit stolz; aber worauf du? — Auf Farben und Federn.

98 **Der Hirsch.** Die Natur hatte einen Hirsch von mehr als gewöhnlicher Größe gebildet, und an dem Halse hingen ihm lange Haare herab. Da dachte der Hirsch bey sich selbst: Du könntest dich ja wohl für ein Elend ansehen lassen. Und was that der Eitele, ein Elend zu scheinen? Er hing den Kopf traurig zur Erde, und stellte sich, sehr oft das böse Wesen zu haben. ¶ So glaubt nicht selten ein witziger Geck, daß man ihn für keinen schönen Geist halten werde, wenn er nicht über Kopfweh und Hypochonder klage.

Der Adler und der Fuchs. Sey auf deinen Flug nicht so stolz! sagte der Fuchs zu dem Adler. Du steigst doch nur deswegen so hoch in die Luft, um dich desto weiter nach einem Aſe umsehen zu können. ¶ So kenne ich Männer, die tiefsinnige Weltweise geworden sind, nicht aus Liebe zur Wahrheit, sondern aus Begierde zu einem einträglichen Lehramte.

Der Schäfer und die Nachtigall. Du zürnest, Liebling der Musen, über die laute Menge des parnassischen Geschmeisses? — O höre von mir, was einst die Nachtigall hören mußte. ¶ Singe doch, liebe Nachtigall! rief ein Schäfer der schweigenden Sängerin, an einem lieblichen Frühlingsabende, zu. ¶ Ach! sagte die Nachtigall; die Frösche machen sich so laut, daß ich alle Lust zum Singen verliere. Hörest du sie nicht? ¶ Ich höre sie freylich: versetzte der Schäfer. Aber nur dein Schweigen ist Schuld, daß ich sie höre.

Fabula docet

Die Fabel lehrt. Sie tut dies in der »Moral von der Geschicht«, doch zuvor und mehr noch in der Geschichte selber; und dieserhalb, der Geschichte halber, die sie erzählt, ist die Fabel unverwüstlich. Ihre teils sagenhaften, teils historischen Klassiker durch mehrere Jahrtausende hin sind ein Grieche, ein Römer, ein Inder, ein Franzose: Äsop, Phädrus, Bidpai, Jean de La Fontaine; ein Sklave, ein Freigelassener, ein Weiser, ein Herr von Stand, die zusammen so etwas wie eine Kette der Überlieferung und Entlehnungen bilden.

Wenn wir heute das Wort Fabel hören, denken wir zuerst an die beispielhaften Geschichten, in denen Tiere auftreten. Es gibt jedoch auch Pflanzenfabeln (»Der Dornstrauch«) und Menschenfabeln (»Der Besitzer des Bogens«), ja solche, in denen mythologische Gestalten (»Herkules«) durch ihr Verhalten den Menschen eine Lehre erteilen. Als wären wir von Lehrmeistern umgeben.

Aber ist uns, den Zuhörenden, so viel an ihren häufig sprichwörtlichen Unterweisungen gelegen? – Noch eine Predigt! – Lauschen wir nicht lieber den Predigtmärlein, wie sie im Ausgang des Barock auch auf den Kanzeln um sich griffen? Schwer zu entscheiden, was jeweils den Vorrang hat: die Ethik oder die Ästhetik; und wenn schon die Ethik, so handelt es sich vornehmlich um Vorsicht, Bescheidenheit, Entgegenkommen, Rücksichtnahme, um eine weltliche Klugheitslehre, deren Befolgung wiederum einige Gewitztheit voraussetzt.

Diese Zweideutigkeit hat auch den jungen Lessing beschäftigt, als er 1759 – eben dreißigjährig – seine Fabeln in Prosa herausbrachte; nebst fünf Abhandlungen: »Von dem Wesen der Fabel«, »Von dem Gebrauche der Tiere in der Fabel«, »Von der Einteilung der Fabeln«, »Von dem Vortrage der Fabeln« und »Von einem besondern Nutzen der Fabeln in den Schulen«.

Bei keiner Gattung von Gedichten, liest man in der Vorrede zu Lessings Abhandlungen, habe er sich länger verweilet »als bei der Fabel. *Es gefiel mir auf diesem gemeinschaftlichen Raine der Poesie und Moral. Ich hatte die alten und neuen Fabulisten so ziemlich alle, und die besten von ihnen mehr als einmal gelesen. Ich hatte über die Theorie der Fabel nachgedacht. Ich hatte mich oft gewundert, daß die gerade auf die Wahrheit führende Bahn des Aesopus, von den Neuern, für die blumenreichern Abwege der schwatzhaften Gabe zu erzählen, so sehr verlassen werde. Ich hatte eine Menge Versuche in der einfältigen Art des alten Phrygiers gemacht. – Kurz, ich glaubte mich in diesem Fache so reich, daß ich vors erste meinen Fabeln, mit leichter Mühe, eine neue Gestalt geben könnte.*«

Wie aber, und das ist Lessings Hauptpunkt bei seinem Unternehmen, in welchem Stil »*soll die Fabel vorgetragen werden? Ist hierin* Aesopus *oder ist* Phädrus*, oder ist* La Fontaine *das wahre Muster?*« »Äußerste Präzision«, ohne ausführliche Beschreibungen, in umgangssprachlicher Prosa oder in knappen Versen? Oder, je nach Laune, munter erzählt und ausgeschmückt?

»*Wenn ich mir einer moralischen Wahrheit durch die Fabel bewußt werden soll, so muß ich die Fabel auf einmal übersehen können; und um sie auf einmal übersehen zu können, muß sie so kurz sein als möglich. Alle Zieraten aber sind dieser Kürze entgegen... Wenn ich mit der allzumuntern und leicht auf Umwege führenden Erzählungsart des* La Fontaine *nicht zufrieden war, mußte ich darum auf das andere Extremum verfallen? Warum wandte ich mich nicht auf die Mittelstraße des* Phädrus*, und* *erzählte in der zierlichen Kürze des Römers, aber doch in Versen? Denn prosaische Fabeln; wer wird die lesen wollen!«*

Nun, Lessing hat selber eine Anzahl Fabeln in Versen verfaßt. Die später entstandenen in Prosa sind besser. Weil sie, so seltsam dies klingt, nüchterner sind. Und knapper, treffender.

In der fünften und letzten seiner Abhandlungen erörtert Lessing die Frage *»von einem besondern Nutzen der Fabeln in den Schulen«*. Diese fünfte Abhandlung hat es in sich. Es geht um den heuristischen Nutzen der Fabel. *»Warum fehlt es in allen Wissenschaften und Künsten so sehr an Erfindern und selbstdenkenden Köpfen? Diese Frage wird am besten durch eine andre Frage beantwortet: Warum werden wir nicht besser erzogen? Gott gibt uns die Seele; aber das Genie müssen wir durch die Erziehung bekommen.«* Könnte, sollte der Schüler nicht ermuntert werden, durch Abweichungen, Veränderungen seinerseits Fabeln zu erfinden?

»Die Mühe, mit seinem Schüler auf die Jagd zu gehen, kann sich der Lehrer ersparen, wenn er in die alten Fabeln selbst eine Art von Jagd zu legen weiß; indem er die Geschichte derselben bald eher abbricht, bald weiter fortführt, bald diesen oder jenen Umstand derselben so verändert, daß sich eine andere Moral darin erkennen läßt.

Zum Exempel: Die bekannte Fabel von dem Löwen und dem Esel fängt sich an: Ein Löwe und ein Esel machten gemeinsame Sache und gingen auf die Jagd. – Hier bleibt der Lehrer stehen. Der Esel in Gesellschaft des Löwen? Wie stolz wird der Esel auf diese Gesellschaft gewesen sein! (Man sehe die achte Fabel meines zweiten Buchs.) Der Löwe in Gesellschaft des Esels? Und hatte sich denn der Löwe dieser Gesellschaft nicht zu schämen? (Man sehe die siebende.) Und so sind zwei Fabeln entstanden, indem man mit der Geschichte der alten Fabel einen kleinen Ausweg genommen, der auch zu einem Ziele, aber zu einem andern Ziele führet, als Aesopus sich dabei gesteckt hatte.

Oder man verfolgt die Geschichte einen Schritt weiter ... Oder man verändert einzelne Umstände in der Fabel ... Oder man nimmt auch den merkwürdigsten Umstand aus der Fabel heraus, und bauet auf denselben eine ganz neue Fabel ... Oder man sucht eine edlere Moral in die Fabel zu legen; denn es gibt unter den griechischen Fabeln verschiedene, die eine sehr nichtswürdige haben. Die Esel bitten den Jupiter, *ihr Leben minder elend sein zu lassen.* Jupiter *antwortet: Sie würden dann von ihrem Elend befreit werden, wenn sie mit ihrem Harn einen Strom zustande brächten. Welch eine unanständige Antwort für eine Gottheit! Ich schmeichle mir, daß ich den* Jupiter *würdiger antworten lasse, und überhaupt eine schönere Fabel daraus gemacht habe. (S. die zehnte Fabel.) – Ich breche ab!«*

»Gotthold Ephraim Lessings Fabeln. Drei Bücher. Nebst Abhandlungen mit dieser Dichtungsart verwandten Inhalts«, erschienen 1759 in Berlin, bei Christian Friedrich Voß. Die zweite Auflage von 1777, ebenfalls in Berlin erschienen, weist keine wesentlichen Veränderungen auf und bietet die Textgrundlage für diesen Neudruck, der mit dem Abdruck in Band I der Ausgabe von Lessings Werken im Carl Hanser Verlag, München 1970, Seiten 229–271, übereinstimmt. Anmerkungen zu diesen Fabeln findet man in Band II dieser Ausgabe, München 1971, Seiten 626–629, die »Abhandlungen« über die Fabel in Band V, München 1973, Seiten 352–419. *Friedhelm Kemp*

Fraktur

Für den Satz der Fabeln von Gotthold Ephraim Lessing haben wir, dem Beispiel der ersten beiden 1759 und 1777 bei Christian Friedrich Voß in Berlin erschienenen Ausgaben folgend, eine »Fraktur« gewählt. Schriften dieser Art sind sehr selten geworden, und für die jetzige Generation ist es vielleicht geradezu unvorstellbar, daß die Fraktur vor gar nicht allzu langer Zeit das Bild unserer Drucksachen – Bücher, Zeitungen, Zeitschriften etc. – geprägt hat, dort die vorherrschende Schrift gewesen ist. Und dies nicht nur in den deutschsprachigen, sondern auch in den angrenzenden slawischen Ländern und in Skandinavien.

Wie kam es zu dem Wechsel von der Fraktur zu der uns geläufigen »Antiqua« oder »Altschrift«, wie sie früher auch genannt wurde? Werfen wir, um darauf eine Antwort zu finden, einen Blick zurück in die Zeit ihrer Entstehung, also in die Zeit kurz nach der Erfindung des Drucks mit beweglichen Lettern. Bekanntlich haben die ersten Drucker sich bei ihren Schriften an das Aussehen der damals hierzulande in den Scriptorien verwendeten gotischen Buchstabenformen gehalten. In Italien, das bei der Ausbreitung der Druckkunst eine ganz wesentliche Rolle spielt, stießen diese gotischen Schriften aber auf wenig Gegenliebe. Das Grobe und Kantige der Schriften aus dem Norden wurde als barbarisch empfunden. Dort entstand ein Schrifttypus, der unter der Bezeichnung »Rotunda« bekannt wurde und häufig für juristische Abhandlungen Verwendung fand. Parallel dazu entwickelte sich im Land des Humanismus und der Renaissance aber auch eine Drucktype, die aus der humanistischen Minuskel entsprang und der allgemeinen Vorstellung nach in idealer Weise für die klassische und humanistische Literatur geeignet war. Dabei ist es beinahe unbegreiflich, und wir können das nur mit Bewunderung und Anerkennung feststellen, in welch kurzer Zeit die Druckschriften, vor allem in Venedig, einen absoluten Höhepunkt erreichten. Nicht umsonst gelten die Schriftschnitte von Nicholas Jensen und Francesco Griffo da Bologna, beide waren hier tätig, bis heute als vorbildlich wie die venezianische Renaissance-Antiqua allgemein.

Doch auch nördlich der Alpen änderten sich Stil- und Schriftempfinden, wohl nicht zuletzt als eine Reflexion der Entwicklung in Italien. Impulse dafür gingen von zurückkehrenden deutschen Druckern aus, wie beispielsweise Erhard Ratdolt, der seine in Venedig geschnittenen Lettern mitbrachte; aber auch von Offizinen in südlich gelegenen Städten mit Handelskontakten zu Italien wie Basel, Augsburg oder Straßburg, die sich deshalb mit Antiqua-Schriften ausstatteten – allerdings für Werke in lateinischer Sprache. Parallel dazu entstanden wie in anderen Ländern verschiedene regionale Abwandlungen der »Textura«, der gotischen Schrift, allgemein »Bastarda« genannt. In dem Zuge entstand auch die »Schwabacher«, ein Pendant zur romanischen Rotunda – eine typisch deutsche Schrift; in der Regel deswegen auch der Wiedergabe deutscher Texte vorbehalten. Sie zeigt ein klares, besser lesbares Bild als die vorangegangenen gotischen Schriften und erfreute sich wegen dieser Vorzüge großer Beliebtheit – bis weit in das 16. Jahrhundert hinein. Doch sie besaß auch einen nicht zu übersehenden Nachteil[1]: Sie war auf Grund ihrer offenen Zeichnung relativ breitlaufend, benötigte damit viel Platz – und Papier war kostbar. So kam es, daß sie im Laufe des Jahrhunderts nach und nach von einer anderen deutschen Schrift verdrängt wurde, von der Fraktur.

Im Vergleich mit der Schwabacher ist die Fraktur eine wesentlich schlankere, sparsamere, in der Farbe meist viel hellere Schrift, was mit den relativ weit über die Grund- und Mittellinie hinausgehenden Ober- und Unterlängen zusammenhängt, die gleichzeitig eine gute Unterscheidungsfähigkeit der verschiedenen Schriftzeichen gewährleisteten. Charakteristisch sind die scharfen Brechungen und die »Quadrangeln«, teilweise mit einem abschließenden, feinen Aufwärtsstrich versehen, sowie die verhältnismäßig breit angelegten Versalien und den oft etwas despektierlich als Elefantenrüssel bezeichneten Verzierungen. Als Vorgänger dieser schwungvollen Schrift definiert František Muzika die böhmische oder fein ziselierte »böhmische dornspitzige Bastarda«[2], wie sie in anspruchsvollen tschechischen Handschriften oder in Urkunden der königlichen Kanzlei in Prag und später in Wien verwendet wurde.

Ihren Erfolg verdankt die Fraktur vielleicht nicht zuletzt auch ihrem fulminanten Auftritt, mit dem sie erstmals in die Öffentlichkeit trat, nämlich in dem Gebetbuch Kaiser Maximilians I. (1459–1519), einem Prunkbuch mit Randzeichnungen von Albrecht Dürer, Hans Baldung Grien, Hans Burgkmair, Jörg Breu, Lucas Cranach und Hans Dürer, »dem schönsten Buchdenkmal, das es auf der Welt zu sehen gibt«, wie es Karl Schottenloher einmal genannt hat.[3] Den Auftrag dazu hat der Kaiser 1513 dem Augsburger Drucker Johannes Schönsperger erteilt, den er 1508 zum kaiserlichen Buchdrucker auf Lebenszeit ernannt hatte.[4] Als Schriftentwerfer kommt der kaiserliche Sekretär Vinzenz Rocknet in Betracht, aber auch Leonhard Wagner, ein Schreiber am Kloster Sankt Ulrich und Afra in Augsburg, der ein umfangreiches Schriftkompendium mit verschiedenen Schriften aus seiner Zeit erstellt hat.

Und noch ein Prachtwerk sollte Schönsperger kurz darauf für Maximilian drucken, ebenfalls in Fraktur: »Die Abenteuer des Ritters Theuerdank«. Dieses Heldenepos –

Maximilian, ausgebildet in den Fechtkünsten, betrachtete sich als »den letzten Ritter« – ist eine autobiographische Dichtung und eine historische Geschichtsschreibung zugleich. In Form der Allegorie, in einer gedachten Brautfahrt zu Maria von Burgund, werden in verschlüsselter Weise die damaligen politischen Verhältnisse geschildert. Geschickt nutzt der Kaiser die neuen propagandistischen Möglichkeiten des Buchdrucks, um einen Mythos um sich und seine Person zu ranken. Seine Gegner, Finsterlinge mit symbolträchtigen Namen, der »Fürwittig« (Fürwitz), der »Unfalo« (Unfallgefahr) und der »Neidelhart« (Neid, Mißgunst), bringen ihn auf dieser abenteuerlichen Fahrt in vielfältige gefährliche Situationen, die alle klug und tapfer gemeistert werden. Ausgestattet ist dieses Prachtwerk mit wundervollen Holzschnitten Jost de Negkers, die Zeichnungen dazu stammen von Leonhard Beck, Hans Burgkmair und Erhard Schön. Wegen der in Nürnberg ansässigen Künstler mußte Schönsperger auch das Buch in dieser Stadt drucken.[5] Und auch für dieses Werk wurde eine eigene Fraktur geschaffen. Sie ist kleiner und weniger kräftig, unterscheidet sich von der Type des Gebetbuchs durch ihren ausgeprägt kalligraphischen Charakter, der vor allem durch die vielen Schwünge und Schleifen betont wird, die sowohl den Gießer als auch den Setzer vor so manches Problem gestellt haben dürften. Karl Faulmann berichtet darüber: »Der Text war mit Nonpareillequadraten durchschossen, in welche die Buchstaben e o u.a. eingesetzt wurden, wenn sie nicht, wie in pößwicht im Manuscripte unmittelbar über dem Buchstaben standen. In diesen Nonpareilledurchschuss wurden auch die Schnörkel gesetzt und mit den Buchstaben zusammengelöthet. Ueberhaupt hatte bei diesem Werk das Messer und der Löthkolben fast ebensoviel zu thun, wie die Hand des Setzers.«[6] Als Schreiber der Vorlagen wird vielfach der kaiserliche Hofsekretär Vinzenz Rockner genannt, doch einen gesicherten Nachweis scheint es nicht zu geben. Es wird berichtet, daß der Kaiser am Entstehen und der Ausgestaltung seiner Druckwerke regen Anteil nahm, oder wie Martin Steinmann[7] es ausdrückt, »mit Wünschen und Anweisungen nicht zu sparen pflegte«. Wie man es auch immer nennen mag, den Büchern selbst hat es keinen Abbruch getan, im Gegenteil, sie zählen zu den absoluten Kostbarkeiten der Druckkunst in dieser Zeit.

Der Standort Nürnberg sollte aber auch in Zukunft von großer Bedeutung für die weitere Entwicklung der Fraktur bleiben – und dies auf lange Jahre. Die Theuerdank- wie auch die Gebetbuchtype waren natürlich keine Schriften für den täglichen Gebrauch. Neben verschiedenen Frakturschnitten, die damals an anderen Plätzen in Deutschland entstanden, waren die von Hieronymus Andreae, welche dieser zwischen 1522 und 1527 nach den Vorlagen des bekannten Schreibmeisters Johann Neudörffer d. Ä. schuf, von besonderem Einfluß.[8] Friedrich Bauer vermerkt dazu: »Der erste Stempelschneider Nürnbergs, der mit einiger Sicherheit nachzuweisen ist, und der wahrscheinlich auch die Schriftgießerei ausübte, ist Hieronymus Andreae, der sich selbst nur Hieronymus Formschneider nannte.« Im weiteren zitiert er dessen Zeitgenossen Johann Neudörfer: »... ›war Jeronymus unter den Formschneidern in allen Sachen zu solchem Werk der geschickteste, sonderlich war vor ihm keiner gewest, der die Schrifften so schön rein und correct im Holz geschnitten hatte, darzu ich Johann Neudorfer, die Prob von Fractur-Schrifften machte; dieselbe schnitt er gar sauber nach in Holz, und darnach in stählene Punzen, und veränderte dieselbige Schrifft in mancherlei Größ, wie dann Keys. Maj. auch zuvor durch den Schönsperger eine Fractur machen, und damit seinen Theuerdank drucken ließ. Er hatte eine eigene Druckerei, und ist im Eisenschneiden zu der Münz auch sehr geschickt und berühmt gewesen.‹ Es wird angenommen, daß

Andreae auf Dürers Anregung die Schrift für dessen ›Vnderweysung der messung mit dem Zirkel vnd richtscheyt‹, die 1525 erschien, geschnitten hat, in der uns die Fraktur vollendet entgegentritt.«[9] Die Verwendung der Schrift im genannten Werk wie auch in anderen Büchern Dürers hat ihr den irreführenden Namen »Dürerfraktur« eingetragen, festzuhalten bleibt aber, daß Dürer an dem Entwurf der Schrift keinen Anteil hat.

Natürlich war Hieronymus Andreae nicht der einzige, der Frakturschriften schnitt. Friedrich Bauer erwähnt den ebenfalls in Nürnberg ansässigen Drucker und Schriftgießer Johann Petreius[10], Robert Diehl[11] schreibt: »Sabons Schriften, besonders seine Fraktur, waren bis in die neuere Zeit vielfach begehrt und angewandt. Er gilt als der erste Schriftgießer, der die ungewöhnlich großen Schriftgrade von 6 Cicero aufwärts geschnitten hat. Doch waren die ›Kleinen Fraktürlein Sabons‹, wie sie gelegentlich genannt werden, nicht minder beliebt.« Inzwischen war der Schriftwandel in vollem Gange. Ungefähr ab der zweiten Hälfte des 16. Jahrhunderts zeichnete sich eine immer stärker werdende Abkehr von der Schwabacher ab, bis zum Ende des Jahrhunderts hatte die Fraktur sie weitgehend ersetzt, sieht man einmal von der verbliebenen Funktion als Auszeichnungsschrift ab. Geblieben ist die Zweischriftigkeit, die gleichzeitige Verwendung von Antiqua und Fraktur, wobei allgemein lateinische Texte in Antiqua, deutsche in Fraktur gesetzt wurden. Auf die Ursachen und Zusammenhänge wird noch an anderer Stelle eingegangen.

Die Formqualität, die unserer Neudörffer-Andreae'schen Fraktur von ihren Vätern auf den Weg gegeben worden ist, scheint sie vor dem Schlimmsten bewahrt zu haben. Albert Kapr[12] konstatiert für die Zeit des Barock, insbesondere bei den Versalien, »eine opulente Ornamentik, die sich sorglos über das Anliegen einer guten Lesbarkeit hinwegsetzt«. In der Tat zeigen die damals herausgegebenen Schriftproben bei den Großbuchstaben ein oft wucherndes Schnörkelwerk, doch werden auch die unspektakulären, die »normalen« Zeichen nicht fallengelassen, und die sind es, die letztlich überdauert haben. So kommt Kapr denn auch mit Recht zu dem Schluß, daß gerade die in dieser Epoche entstandene Luthersche Fraktur und die Breitkopf-Fraktur besonders hervorzuheben sind (eigentlich wäre noch die Leibniz-Fraktur hinzuzufügen).

Womit wir bei der Breitkopf-Fraktur wären, der Schrift, in der die vorliegenden Lessingschen Fabeln gesetzt sind. Sie zählte bis in die erste Hälfte des 20. Jahrhunderts zu den beliebtesten Schriften in Deutschland. Das läßt sich nicht zuletzt an dem in solchen Fällen unersetzlichen Seemannschen »Handbuch der Schriftarten« ablesen.[13] Nicht weniger als sechs Gießereien sind es, die dort aufgezählt werden, fünf davon bieten Original-Schnitte an: Berthold, Gebr. Klingspor (1905), Ludwig & Mayer, Schriftguß AG (1920) und Ludwig Wagner; Stempel brachte 1915 einen eigenen Schnitt heraus (die Zahlen in Klammern geben das Jahr des Matrizenerwerbs an).[14] Nicht erwähnt sind Julius Klinkhardt (1912) und Breitkopf & Härtel. Das hat wohl folgende Gründe: Klinkhardt wurde 1920 an Berthold verkauft, und damit war die Breitkopf-Fraktur dort erhältlich; und die Gießerei von Breitkopf & Härtel arbeitete zu der Zeit (1928) nicht mehr oder nur für den eigenen Betrieb. Die Bedeutung der Breitkopf-Fraktur wird zusätzlich dadurch deutlich, daß für alle wichtigen Setzmaschinen-Systeme – Linotype, Monotype, Typograph – Matrizensätze lieferbar waren; bei der Monotype sind es sogar zwei Varianten, die Serien 116 und 367.

Der Name eines Stempelschneiders oder einer Gießerei in Verbindung mit einer Schrift indiziert ganz automatisch die Urheberschaft des oder der Genannten. Es ist daher nur zu verständlich, wenn Breitkopf vielfach als der Schriftschöpfer dieser so berühmten Fraktur angesehen wird oder zumindest als deren Initiator. Barge[15] interpretiert es in letzterem Sinne: »... seinen Anregungen war es zu danken [gemeint ist Johann Gottlob Immanuel Breitkopf], daß seit dem Jahre 1750 von einer Reihe tüchtiger Stempelschneider, die in der Breitkopfschen Offizin tätig waren – Christian Zinck, Johann Michael Schmidt, Johann Peter Artopaeus –, die ›Breitkopf-Fraktur‹ geschaffen wurde, die, kraftvoll und schön zugleich, hohes Ansehen erlangte.« Doch auch diese Version trifft nicht zu. Das geht ganz eindeutig aus einem Fachbuch hervor – 1740 bei Christian Friedrich Geßner in Leipzig erschienen[16] – das eine 16seitige Beilage mit dem Titel »Schrift-Probe, Oder Kurzes Verzeichniß derjenigen Hebräisch- Griechisch- Lateinisch- und Teutschen Schriften, Welche in Herrn Bernhard Christoph Breitkopfs Schriftgießerey allhier befindlich sind. Dabey man mehrentheils bemerket hat, von wem eine jede Schrift in Meßing oder Stahl ist geschnitten worden. 1739.« Die namentlich aufgeführten Stempelschneider sind Joh. Peter Artopäus, Leipzig; Andreas Köhler, Nürnberg; Christian Zingk, Wittenberg; Pancr. Lobinger, Wien und Joh. Caspar Müller, Leipzig. Der Name von Johann Michael Schmidt fehlt – er muß fehlen, denn erstens war Schmidt von 1742 bis zu seinem Tod 1750 als Stempelschneider in der Königlichen Schriftgießerei in Berlin tätig,[17] zweitens zum fraglichen Zeitpunkt nicht mehr am Leben, so daß er gar nicht in Leipzig sein konnte. Gleiches gilt für Johann Caspar Müller, den Vorbesitzer der Offizin von Bernhard Christoph Breitkopf. Er hatte den Betrieb 1702 käuflich erworben und war »ein scharfsinniger und geschickter Mann«,[18] zugleich einer der ersten Fachschriftsteller. Er starb im Mai 1717. Anders verhält es sich mit Christian Zingk oder Zinck. Es heißt, daß er sich unter den Gehilfen der Offizin befand,[19] jedoch etwa 1720 nach Wittenberg gezogen sei.[20] Pancratius Lobinger stammt wie sein Bruder Johann aus Nürnberg. Beide arbeiteten auch an anderen

Orten und werden als tüchtige Stempelschneider gegen Ende des 17./Anfang des 18. Jahrhunderts wiederholt gerühmt, der eine »für Latein-, der andere für Teutsche Schriften«. Von P. Lobinger ist eine 1678 erschienene Probe bekannt. Ausdrücklich hebt J. G. I. Breitkopf sowohl Lobinger als auch Zingk hervor: »Wir haben in Deutschland Niemand darzustellen, der sich besondern Ruf in Verfertigung deutscher Schriften erworben hätte, als den Schriftschneider Pancratius Lobinger in Nürnberg, dessen Schriften noch itzt beliebt sind; und nach ihm den Schriftgießer Christ. Zinck in Wittenberg, ...«[21] Bleibt nur noch auf Andreas Köhler einzugehen. Er stammte aus einer alteingesessenen Nürnberger Familie und errichtete 1710 eine Schriftgießerei. Eine Frakturprobe aus dem gleichen Jahr »zeigt, daß ein Großteil seiner Schriften der Baumannschen Gießerei entstammt, wie denn auch sämtliche Nürnberger Schriftproben erkennen lassen, daß der gegenseitige Austausch von Matrizen sehr stark im Gebrauch war«.[22] Der 28-Punkt-Grad stammt jedenfalls, wie das obige Verzeichnis vermerkt, direkt von Köhler, das gleiche gilt für diesen Grad der Lutherschen Fraktur[23], mit der die Breitkopf-Fraktur so oft verglichen wird.

Aus dem Gesagten wird folgendes deutlich: Keiner der beiden Namensträger, weder Bernhard Christoph noch Johann Gottlob Immanuel Breitkopf, hat einen Anteil am Entstehen dieser Fraktur; sie ist, wie schon die Luthersche Fraktur, ein Ensemble mehrerer Schriftschneider. Auch das Datum der Entstehung – bisher wurde immer das Jahr 1750 genannt[24] – muß vorverlegt werden; vermutlich sind die in dem Buch von Geßner gezeigten Schnitte Ende des 17./Anfang des 18. Jahrhunderts gefertigt worden und waren bereits vorhanden, als Müller starb. Und noch etwas ist interessant: Gleichgültig, ob man die Breitkopf- oder die Luthersche Fraktur betrachtet, trotz der gewissen Eigenständigkeiten, die die einzelnen Grade untereinander

20 PUNKT BREITKOPF-FRAKTUR

ABCDEFGHIJKLMNOP
QRSTUVWXYZ ÄÖÜ
abcdefghijklmnopqrstuvwxyz chll
tzffflflssi &=.,;!?() 1234567890

28 PUNKT BREITKOPF-FRAKTUR

ABCDEFGHIJKLMN
OPQRSTUVWXYZ
abcdefghijklmnopqrstu-
vwxyz äöü llfffiflzsfisfsstßtz
chck ,.;'!?) 1234567890

BREITKOPF-FRAKTUR

BREITKOPF-VERSALIEN

ABCDEFGH
JKLMNOPQ
RSTUVWXYZ
ÄÄÖÖÜÜ,.;:'!?)
1234567890
Cabcdefghijklmn
opqrstuvwxyz äöü
ﬀ ﬃ ﬄ ſſ ſi ſt ch ß tz .

1234567890

36 PUNKT BREITKOPF-FRAKTUR

vorweisen, präsentieren sich die Schriften jeweils als einheitliches Ganzes. Man schnitt die Buchstaben nach einem überlieferten, verinnerlichten Schönheitsideal, das aber in gewisser Weise auch allgemeinverbindlich war. Das läßt auf Stilsicherheit, ausgeprägtes Formempfinden und hohes handwerkliches Können schließen. Und nur so war auch der Austausch untereinander möglich. Dies auf Antiqua-Schriften zu übertragen scheint absolut undenkbar.

Auch wenn J.G. Immanuel Breitkopf (1719–1794) nun keinen Anteil an den oben genannten Schriften hatte, so hat das seinem Ansehen keinerlei Abbruch getan. Er war eine Persönlichkeit, wie sie in seinem Fach kein zweites Mal zu finden war. Von Natur mit einem wachen Geist, lebhaftem Temperament und »einem unbezwingbaren Hang zu den Wissenschaften« ausgestattet, trug er sich zunächst an der Universität Leipzig ein, studierte alte und neue Sprachen, Literatur, Geschichte und Philosophie, später auch Mathematik; bei Gottsched, mit dem er bis zu dessen Tod verbunden war, übte er sich im »Disputieren«, auch in Latein. Nach seinem Eintritt in den väterlichen Betrieb 1745 stürzte er sich mit Feuereifer auf die Verbesserung der Drucktechnik. Unter seiner Leitung erlebten Schriftgießerei und Druckerei eine unvorstellbare Blüte. Sein größtes Verdienst bildet die grundlegende Verbesserung des Musiknotensatzes, die ihm 1754 gelang und von großer Bedeutung war, weil sie die wirtschaftliche Herstellung von Partituren im Buchdruck wieder ermöglichte. Weiter erfand er Methoden, Landkarten und Porträts auf typographischem Wege zu realisieren, doch ließ sich diese Erfindung praktisch nicht verwerten. In seinen Vorstellungen war Breitkopf rastlos, sprunghaft, oft auch wenig realitätsbezogen. So wurde vieles begonnen, aber vieles blieb unvollendet. Zu einer groß angelegten Geschichte des Buchdrucks ist 1779 lediglich ein 56seitiger einleitender Teil erschienen. Das gleiche Thema behandeln »Nachricht von der Stempelschneiderey und Schriftgießerey« (1778), »Buchdruckerey und Buchhandel in Leipzig« (1793) und, kurz vor seinem Tode, »Über Bibliographie und Bibliophilie« (1793), eine Abhandlung, in der er sich nochmals für die Fraktur einsetzt. Überhaupt »war er in seinen letzten Lebensjahren auf eine Verbesserung der deutschen Schrift bedacht.«[25] Das scheint geglückt zu sein. Barge erwähnt eine *neue* Breitkopf-Fraktur, die Ostern 1793 herauskam. Die Abbildung zeigt[26], daß sie offenbar als Vorlage der hier verwendeten Monotype Texttype gedient hat. Eine weitere von ihm initiierte Schrift sollte er nicht mehr erleben. Sie wurde erstmals 1798 in Jean Pauls Palingenesien verwendet und trägt daher auch den Namen »Jean-Paul-Fraktur«.[26]

Breitkopf hinterließ bei seinem Tod einen reich ausgestatteten Betrieb mit 400 verschiedenen Alphabeten. Fournier meint dazu, die Druckerei sei, soweit seine Kenntnis reiche, die interessanteste in Deutschland, »durch die Zahl und Verschiedenheit alter und neuer Charaktere, ihrer Musikcharaktere und ihrer Gußornamente«.[27] Nicht unerwähnt bleiben soll die einzigartige Bibliothek, die Breitkopf besaß, Sie beinhaltete so ziemlich alles, was jemals über Druck, Schrift, Schriftguß usw. veröffentlicht worden ist: Handschriften, Inkunabeln, seltene Drucke – alles was das Herz begehrt. Darunter befinden sich schöne Schreibmeister: Palatino, Tagliente, Neudörffer, Yciar, Barbedor; aber auch alle anderen Gebiete – sie zeigen, »daß es eigentlich kein noch so entlegenes Fleckchen Wissenschaft gab, das Breitkopf gleichgültig gewesen wäre: Literatur aller Zeiten und Völker, Lexika und Sprachlehren aller Sprachen, Theologie, Philosophie, Juristerei, Naturwissenschaften, Mathematik, Medizin, Geographie, Kunstgeschichte, Geschichte und geschichtliche Hilfswissenschaften sind reichlich und in den schönsten Werken vertreten. Es ist die Bibliothek des polyhistorisch gebildeten Mannes der Aufklärungszeit.« – Breitkopfs Erben wußten mit der Sammlung nichts anzufangen; sie wurde in zwei Teilen 1795 und 1799 versteigert. In welcher Weise dies geschah, läßt sich daraus schließen, daß von den insgesamt 19 509 Nummern der zweite Teil mit 11 994 Nummern in fünf Stunden versteigert werden sollte; wertvolle Stücke für ein paar Groschen.[28]

Die Breitkopf-Fraktur der Monotype gibt es in zwei Ausführungen: Die Serie 116 (9 bis 13 pt) entstand 1913, vor dem 1. Weltkrieg, und basiert auf Originalvorlagen von Breitkopf; Serie 367 (6 bis 60 pt) folgte 1933 auf Wunsch von Ullstein, Berlin. Vorlage für die Grade 12 bis 60 war hier die 36 Punkt, für die Grade 6 bis 10 wurde hingegen eine Zeichnung verwendet, die stark an die 1793 geschnittene Fassung erinnert. Sie hat einen kräftigen Strich, offene Punzen und gibt ein klares Druckbild. Leider waren trotz der Bemühungen von Robin Nicholas im Archiv der Monotype keine genaueren Angaben zu finden.

Interessant ist der Zeitpunkt, zu dem die zweite Fassung begonnen wurde. Das nationalsozialistische Regime bevorzugte zunächst meist gebrochene Schriften für alle Veröffentlichungen, was zu einer erhöhten Nachfrage führte, um sie später, am 3. Jan. 1941, als »Schwabacher-Judenlettern« per Erlaß zu verbieten.

Mehr als dieses Verbot hat nach dem Kriege das nach wie vor vorhandene negative Image der Schrift geschadet. Wer Fraktur anwendete, lief Gefahr, als verkappter brauner Geselle betrachtet zu werden. Unabhängig von allem wäre allerdings der Übergang in einer sich international immer mehr verflechtenden Gesellschaft so oder so erfolgt.

Heute ist die Fraktur bereits so selten geworden, daß vielfach die Kenntnis ihrer Anwendung verlorenging; zum Beispiel, daß es kein J gibt, sondern man dafür das I (𝔍) verwendet. Den Vogel hat ein Schriftenmaler abgeschossen, der in einem feinen Restaurant die dem starken Geschlecht vorbehaltene Toilettentür mit Hexxen (𝔥𝔢𝔯𝔯𝔢𝔫) beschriftete, das x (𝔯) offenbar für eine Zierform des r (𝔯) haltend. E S G

1 František Muzika: Die Schöne Schrift, Bd. I.
  Verlag Werner Dausien. Hanau am Main 1965. S. 516.
2 Muzika: S. 486.
3 Julius Rodenberg: Die Druckkunst als Spiegel der Kultur ...
  Druckgewerblicher Verlag. Berlin 1942. S. 71.
4 Ernst Crous/Joachim Kirchner: Die gotischen Schriftarten.
  Klinkhardt & Biermann. Leipzig 1928. S. 36.
5 Rodenberg: S. 71.
6 Karl Faulmann: Illustrierte Geschichte der Buchdruckerkunst.
  A. Hartleben's Verlag. Wien, Pest, Leipzig 1882. S. 282.
7 Martin Steinmann: Von der Handschrift zur Druckschrift ... Band I.
  Maximilian-Gesellschaft. Hamburg 1995. S. 250.
8 Muzika: S. 521 f.
9 Friedrich Bauer: Chronik d. Schriftgießereien in Deutschland ... 2. Aufl.
  Verein Deutscher Schriftgießereien. Offenbach am Main 1928. S. 153 f.
10 Bauer: S. 154 f.
11 Robert Diehl: Frankfurter Schriftproben ...
   Schriftgießerei D. Stempel AG. Frankfurt am Main 1955.
12 Albert Kapr: Fraktur. Verlag Hermann Schmidt. Mainz 1993. S. 54.
13 Albrecht Seemann: Handbuch der Schriftarten.
   Seemann. Leipzig 1926. S. 41.
14 Bauer: S. 28, S. 47, S. 163. – Seemann: S. 41.
15 Hermann Barge: Geschichte der Buchdruckerkunst.
   Philipp Reclam jun. Leipzig 1940. S. 283 f.
16 Christian Friedrich Geßner: Die so nöthig als nützliche Buchdruckerkunst
   und Schriftgießerey, ... Leipzig 1740. Schrift-Probe S. 145 ff.
17 Bauer: S. 12.
18 Geßner: Kurze Nachricht ... S. 125.
19 Bauer: S. 112.
20 Bauer: S. 192.
21 J. G. I. Breitkopf: Ueber Bibliographie und Bibliophilie. Leipzig 1793. S. 16.
22 Gustav Mori: Das Schriftgießer-Gewerbe in Süddeutschland ...
   Schriftgießerei Bauer & Co. Stuttgart 1924. S. 47.
23 Bibliothek SG, Band 15. München 1988/89. S. 70 f.
24 Barge: S. 283. – Kapr: S. 57. – Seemann: S. 41.
25 Oskar von Hase: Breitkopf & Härtel. Wiesbaden 1968. S. 86.
26 Barge: S. 330 f.
27 Barge: S. 287.
28 Konrad F. Bauer: J. G. I. Breitkopf und seine typographische Sammlung.
   Genzsch & Heyse Schriftgießerei A.-G. Hamburg 1927.

Impressum

Die vorliegende Ausgabe ist der 32. Druck in der
bibliophilen Reihe »Bibliothek SG«.

Für den Satz der Fabeln wurde die »Breitkopf-Fraktur«,
für das Nachwort von Friedhelm Kemp und
das Essay zur Schrift von Eckehart SchumacherGebler
die »Bembo« verwendet, beides Schriften der eng-
lischen Monotype Corp. (Serien 367 und 270).

Den zweifarbigen Satz mit der Monotype-Maschine,
eine Technik, über die nur wenige Spezialbetriebe verfügen,
sowie den Original-Buchdruck direkt von den gegossenen
Bleitypen, besorgte die Offizin Haag-Drugulin, Leipzig;
die Bindearbeiten die Firma Lachenmaier, Reutlingen.

Die Gestaltung des Bandes lag in den Händen von
Heinz Hellmis und Eckehart SchumacherGebler.

Das Copyright der Texte liegt bei den Autoren.
Alle Rechte vorbehalten. Kein Teil des Werkes darf
ohne schriftliche Genehmigung der Rechtsinhaber in
irgendeiner Form vervielfältigt oder verbreitet werden.

Die Reihe Bibliothek SG erscheint seit 1974
bei Buchdruckerei und Verlag SchumacherGebler.

München, im November 2007
ISBN 9783-920856-50-6